非财务经理的
财务管理

屠建清◎著

人 民 邮 电 出 版 社

北京

图书在版编目（CIP）数据

非财务经理的财务管理 / 屠建清著. -- 北京：人
民邮电出版社，2021.7
ISBN 978-7-115-56461-0

Ⅰ．①非… Ⅱ．①屠… Ⅲ．①财务管理 Ⅳ.
①F275

中国版本图书馆CIP数据核字(2021)第075821号

内 容 提 要

  随着我国改革开放的纵深发展和全球经济一体化步伐的加快，企业财务管理越来越重要，同时企业财务管理涉及各层级、各部门，尤其是企业管理者。因而，非财务经理掌握财务管理基本知识与技能是十分必要和重要的。

  本书基于屠建清老师非财务经理应具备的财务思维相关课程内容，站在非财务经理的立场来解读财务管理，教会读者熟练掌握三张财务报表，锻炼读者应用理论知识做出实际决策的能力，激发和提高读者的财务思维能力、分析能力以及全面理解企业财务管理各方面基本要素的能力。

◆ 著　　　　屠建清
　　责任编辑　李士振
　　责任印制　彭志环

◆ 人民邮电出版社出版发行　　北京市丰台区成寿寺路 11 号
　　邮编　100164　　电子邮件　315@ptpress.com.cn
　　网址　https://www.ptpress.com.cn
　　北京天宇星印刷厂印刷

◆ 开本：720×960　1/16
　　印张：16.75　　　　　　　　2021 年 7 月第 1 版
　　字数：268 千字　　　　　　2025 年 10 月北京第 10 次印刷

定价：79.80 元

读者服务热线：(010)81055296　印装质量热线：(010)81055316
反盗版热线：(010)81055315

前言

财务管理是在一定的整体目标下，关于资产的购置（投资）、资本的融通（筹资）和经营中现金流量（营运资金），以及利润分配的管理。财务管理是企业管理的一个组成部分，它是根据财经法规制度，按照财务管理的原则，组织企业财务活动，处理财务关系的一项经济管理工作。简单地说，财务管理是组织企业财务活动，处理财务关系的一项经济管理工作。

从概念上看来，财务管理好像是财务经理的事，为什么还要写一本给非财务经理的书呢？

为什么要写这本书

其实，这是一种很深的误解。财务管理对非财务经理而言同样重要。

非财务经理开展财务管理工作时应注重将理论与实务紧密结合。然而，财务管理的知识具备一定专业度，对非专业人士来说，理解财务管理的概念有一定难度，掌握实务操作技能也需要一定的时间。

因此，本书通过典型案例解析，让非财务经理从实务角度更好地理解和学习财务管理的概念和操作方法。本书通过对财务管理理论的解析和案例分析，多角度阐述非财务经理进行财务管理的工作重点。写作本书的目的有以下几个。

目的1：帮助非财务经理了解必备的财务理念，包括资产经营理念、筹集资金理念、现金管理理念、市场价值理念等。

目的2：近几年，政府出台了新的企业会计准则，以及进行了税务改革，本书与时俱进，对企业财务管理、税务处理内容进行了更新，具有实用性和适时性。这就要求非财务经理不断地了解新事物、学习新规定、掌握新方法。

目的3：帮助非财务经理深刻理解企业运营与财务管理的关系，学会如何分析财务数据，掌握企业运营的规律和财务管理的技巧。

目的4：帮助非财务经理了解税收法律法规，掌握税务筹划的方法，以及流转税、所得税的缴纳。

本书的主要内容

本书是一本为非财务经理量身定制的工具书，共有 11 章，重点介绍非财务经理必备财务理念与风险意识，必备资产管理知识，如何解读企业运营与财务报表，企业增值税管理，企业所得税管控，如何实施预算管理，掌握先进方法，成本控制与决策方法，内部控制与风险管理之道，投资与融资决策，税收新政策的解读、应用与会计核算，以及大数据时代非财务经理财务分析新思路与重点等内容。

阅读本书后，会获得哪些益处

益处 1：掌握财务管理专业知识的能力。这些知识包括非财务经理必备的财务理念与风险意识、资产管理知识等。掌握这些内容，并做到融会贯通、举一反三，非财务经理就攻克了财务管理这座堡垒。

益处 2：获得轻松看懂财务报表，学会财务分析的能力。通过财务报表，非财务经理可以了解公司的经济活动、营运能力、偿债能力，预判投资风险。

益处 3：迅速提升财务管理实务能力。本书典型、具体的案例分析，有助于再现非财务经理在财务管理实务中的情景，用实践来验证自己对所学知识的掌握情况，有助于非财务经理解决工作中令人困扰的现实问题。

益处 4：显著提升非财务经理的财务素养。本书将理论与实践结合，使两者相辅相成。用理论知识指导财务管理实务，通过实务操作加深对理论的理解，这可以大大提升非财务经理的综合能力和职业素养。

本书的读者

本书将理论与实践结合，解析透彻，并以新企业会计准则为理论依据。通过阅读本书，非财务经理、公司管理者等不同的读者会有不同的收获。

本书的特点

第一，作者专业。本书作者屠建清具有丰富的财会教育以及管理经验，在国内有很多学员。

第二，注重实操。本书提供详尽的财务管理工具、图表、案例和操作实务，并对案例进行分析，有利于非财务经理深刻理解财务管理知识和技能，掌握新企业会计准则背景下处理财务问题的能力。

第三，定位清晰。本书作者在新企业会计准则背景下，在非财务经理的财务管理真实需求的基础上，特别编写本书，因此更贴近意向读者的需求，更加实用。

在本书编写过程中，作者参考了相关资料以及相关专家的观点，并加以借鉴，在此谨向这些文献的作者致以诚挚的谢意。

对于本书，作者并非仓促成稿，而是以一种沉潜专注、不怨不尤、勿忘勿助的心态完成。由于作者水平有限，书中难免存在疏漏之处，恳请大家批评指正。

编者

目录

第1章
非财务经理必备财务理念与风险意识

现代企业要求管理规范，会计资料健全。凡是企业必有会计资料，必有对资金筹措和使用的规划，必有财务经营策略等，这些离不开财务管理。因此，非财务经理，特别是企业总经理要管理企业、发挥财务部门管理职能，自身一定要具备一些财务理念和风险意识。

非财务经理不掌握一些财务知识，在竞争激烈的当今社会对企业是不利的。那么，非财务经理应该具备哪些财务理念与风险意识呢？

1.1 非财务经理必备的财务理念

财务管理，不单单是财务部门的责任，也不单单要求财务经理掌握财务知识。对企业的非财务经理而言，无须像财务经理一样精通财务工作，但应当懂得企业财务管理的基础知识，掌握一些必备的财务理念，并能通过对财务数据的分析来确定企业未来的经营理念和战略发展目标。

非财务经理必备的财务理念包括哪些呢？

1.1.1 资产经营理念：存量、增量、配置资产

所谓企业资产经营，是以企业经营绩效最大化为目的，以企业资产的流动重组为特征，通过以生产经营为基础和以获取最有利的盈利机会为方式的现代企业经营观念，在产品经营的基础上，借助于企业资产的流动与重组而展开的战略性、超常规的经营活动。

非财务经理需要具备以下资产经营理念：

（1）在资产存量经营中，要树立充分、有效利用资产，避免资产闲置、浪费的理念；

（2）在资产增量经营中，要树立规模经济效益和技术进步经济效益的理念；

（3）在资产配置经营中，要树立资产结构优化及风险与收益均衡的理念。

1.1.2 筹集资金理念：负债经营方式

非财务经理需要具备的筹集资金理念——负债经营。企业资金的来源，除了投资者的原始投入和企业资本原始积累以外，还包括向外举债。

投资者由于资金有限，一般都希望经营者能通过举债经营方式筹集更多的

企业营运资金，以扩大生产规模，扩大市场份额，增加企业的利润。

1.1.3 现金管理理念：企业现金流向

非财务经理应树立现金管理理念，掌握企业以下的现金流向。

（1）从采购原料现金流出，到投入生产形成生产资金，再到产品销售实现现金流入，这是生产经营环节现金流循环过程。

（2）从购建固定资产、对外投资现金流出到投资收回现金流入，这是投资环节现金流循环过程。

（3）从金融筹资、其他筹资现金流入到归还银行借款、分配股利等现金流出，这是筹资环节现金流循环过程。

1.1.4 市场价值理念：货币时间价值具体运用

非财务经理必备的市场价值理念——货币时间价值，这一理念在制定具体财务政策和进行财务决策时具有非常重要的意义。

货币时间价值是指货币经历一定时间的投资和再投资所增加的价值，也称为资金时间价值。货币具有时间价值的原因在于以下几个方面。

（1）货币时间价值是资源稀缺性的体现。

发展生产需要投入货币购买原材料，以创造更多的社会产品。而货币作为一种社会资源，具有稀缺性，只有投入货币，才能带来更多社会产品。在这个过程中，投入的货币实现了增值。

（2）货币时间价值是信用货币制度下，流通中货币的固有特征。

由于信用货币的增加，货币贬值、通货膨胀成为一种普遍现象，等量当前货币的价值也总是高于未来货币。市场利息率反映了可贷资金状况和通货膨胀水平，也反映了货币价值随时间的推移而不断降低的程度。

（3）货币时间价值是人们认知心理的反映。

由于认知的局限性，人们总是对现存事物的感知能力较强，而对未来事物的认识较模糊。当前的货币能够满足人们当下需要，而将来货币只能满足将来的需求，所以将来的货币具有不确定性。为了"计量"这种不确定性，需要用到利息率这个工具。人们贷款消费的代价，就是未来不仅要还本，还要付息。

要理解货币时间价值，非财务经理需要具备以下知识。

（1）复利终值，是指一定量货币在若干期后按复利法计算的本利和。

假定现在将 20 万元存入银行，存款的年利率为 5%，则 6 年后的复利终值为：

$$F = 20 \times (F/P, 5\%, 6) = 20 \times 1.340 = 26.8 （万元）$$

（2）复利现值，是指以后时间收到或付出的货币按复利法计算出的现在价值（即本金）。

某企业希望 6 年后能从银行提取 60 万元，在年利率为 3% 的情况下，应该存入银行的本金为：

$$P = 60 \times (P/F, 3\%, 6) = 60 \times 0.838 = 50.28 （万元）$$

1.1.5 风险管理理念：风险识别、度量、分析评价

非财务经理必备的风险管理理念也就是在企业风险识别、度量、分析评价中蕴含的理念。其包括七个方面，如表 1-1 所示。

表 1-1 企业风险管理理念

风险管理理念	内容
一致性理念	企业应确保其风险管理目标与经营目标相一致
全面性理念	做到两个"确保"，即确保其风险管理能够涵盖所有经营业务和所有环节中的风险，确保风险管理能够识别企业面临的一切风险
系统性理念	有效的风险管理不是一个单一的模型，而是一个由不同的子系统组成的有机体系。因而，企业风险管理有效与否，不仅取决于风险管理体系本身，还取决于它所包含的各个子系统是否可以健全、有效运作。任何一个子系统失灵都有可能导致整个风险管理体系失效
独立性理念	在企业内部，要建立一个职责清晰、权责明确的风险管理机制。虽然清晰的职责划分是确保风险管理体系有效运作的前提，但独立性理念并不排斥部门之间的交流与合作
权威性理念	企业应确保风险管理部门和风险管理评估监督部门具有高度权威性，尽可能不受外部因素的干扰，以保持其客观性和公正性

风险管理理念	内容
互通性理念	风险管控制度的有效性，受制于企业内部是否有一个充分的信息沟通渠道。如果信息沟通渠道不畅通，执行部门很可能会曲解高层的意图，进而做出与风险管控制度背道而驰的行为
分散与集中相统一	不同类型的企业经营风险应由不同的部门负责，即风险的分散管理。不同的风险管理部门最终都应直接向高层的首席风险官负责，即实现风险的集中管理。分散管理有利于各相关部门集中力量控制各类风险，集中管理有利于从整体把握企业面临的全部风险。因此，在实际工作中必须妥善处理这一矛盾，实现分散与集中的有机统一

1.2　非财务经理必须具备的风险意识

企业经营过程中，会发生各种各样的风险，所以需要进行风险管理。风险管理的基本程序是风险识别、风险评估和风险控制。

作为非财务经理，在经营的过程中，首先必须要识别这些风险，并通过分析这些风险，制定有效的策略来处理这些风险，从而提高企业的盈利能力和实现企业的目标。

1.2.1　市场风险：投资难以收回

市场风险是指由于基础资产市场价格的不利变动或者急剧波动而导致衍生工具价格或者价值变动的风险。基础资产的市场价格变动包括市场利率、汇率、股票价格、商品价格的变动。

非财务经理需要戒备四种类型的市场风险，如表1-2所示。

表 1-2　市场风险分类

风险类型	内容
市场利率风险	市场利率变动的不确定性给企业造成损失的可能性。大部分金融工具价格都受市场利率影响，市场利率变动，价格随之变动
汇率风险	经济实体以外币定值或衡量的资产与负债、收入与支出，以及未来的经营活动可能产生现金流的本币价值，因货币汇率的变动而产生损失的可能性。汇率变动取决于外汇市场的供求状况
股票价格风险	由于股票价格发生不利变动而给企业带来损失的风险。股票价格大幅波动，会给持有者带来经济损失
商品价格风险	由于商品价格发生不利变动而给企业造成经济损失的风险。这里的商品，主要是指可以在市场内自由交易的商品期货和现货，以商品期货为主。商品价格波动取决于经济形势、商品市场的供求状况和投机行为等

非财务经理要应对市场风险，应当注意以下几个方面：产品或服务定位要清晰，市场定位要清晰，价格要合理。

1.2.2　担保风险：运作中的各种不确定因素

担保风险是指信用担保机构在担保业务运作过程中，由于各种不确定性因素（主观的和客观的）的影响而遭受损失的可能性。

非财务经理需要戒备三种类型的担保风险，如表 1-3 所示。

表 1-3　担保风险分类

分类标准	类别	概念
引发风险因素的层次性	系统性风险	由于宏观经济政策变动等因素引发的风险
	非系统性风险	由担保机构决策失误、操作等微观因素引起的风险
风险暴露程度	隐性担保风险	尚未暴露、处于潜伏期的风险。 如担保业务操作中规章制度不严或违规操作，即使暂未出现问题，但潜在风险较大，随时可能出现问题甚至是大问题
	显性担保风险	已出现预警信号，风险征兆较明显的风险。 如已经发生代偿的担保

分类标准	类别	概念
风险的可控程度	完全不可控风险	由于完全无法预测的因素变动，且对这些因素变动事先无法有效防范所引起的风险因素变动。例如，环境风险等
	部分可控风险	事先通过采取措施，在一定程度上可以控制的风险。例如，信用风险等
	基本可控风险	通过制定和实施科学、严密的操作规程、管理措施、内部控制制度与监管措施后可以基本控制的风险。例如，操作风险等

担保风险体现在财务上的风险：如果被担保方无力偿还债务，担保企业就面临着真实的负债。公司财务风险由此凸显出来。

非财务经理应对担保风险采取的防范措施：树立担保风险意识，加强公司印鉴管理，内部治理结构控制，内部部门流程交叉控制。

1.2.3　法律风险：负面责任和后果的可能性

法律风险是指基于法律规定或合同约定，由于企业外部法律环境发生变化或法律主体的作为及不作为，而对企业产生负面法律责任或后果的可能性。

法律风险三要素如下。

第一，风险存在的前提条件是法律对其有相关的规定或者合同对其有相关的约定。

第二，引发风险的直接原因包括企业外部法律环境发生变化，即企业自身或其他当事人（法律主体）做出了某种行为或没做出某种行为（作为或不作为）。

第三，风险发生后会给企业带来负面的法律责任或后果。

风险只要同时具备了这三个要素，就可以被认定为企业的法律风险。

非财务经理应对法律风险采取的防范措施：树立合法经营意识；做好法律征询，明确违法与违规、合法与非法的界限；建立风险"防火墙"。

1.2.4 政策风险：市场波动给投资者带来的影响

政策风险是指有关政策发生重大变化或有重要的举措、法规出台，引起证券市场的波动，从而给投资者带来的风险。

非财务经理应对政策风险可以采用的防范措施有：企业高层树立正确的政策意识，指定专人跟踪、收集有关政策法规，建立专门的政策征询渠道，建立重大决策过程中的政策征询程序。

1.2.5 资金链断裂风险：企业无法维持正常运作

企业运营过程中，由于资金紧张，无法维持企业的正常运转，或者企业经营不善，连续亏损就会使企业资金紧张。同时也让银行、股东们对企业失去信心，企业无法筹资，进一步加强了资金紧张程度。

企业为开展新项目，用大量资产做抵押，但新项目没有达到预期收益，贷款到期，而这个时候又借不到钱，这就叫资金链断裂。然后，银行就会拍卖抵押资产，企业也面临倒闭。这一过程所形成的风险即为资金链断裂风险。

非财务经理需要关注企业资金链断裂的几个方面，如表1-4所示。

表1-4 资金链断裂

资金链断裂	内容
资金链断裂的原因	市场需求突然萎缩，导致销售收入减少； 原材料、费用的大幅度上升导致企业亏损增加； 银行贷款突然抽回； 存货积压，占用大量资金； 给第三方担保造成的突然"失血"； 固定投资占用了大量流动资金，导致不能偿付到期债务； 债务集中到期，导致资金链突然中断； 股票、期货投机失误，造成重大损失； 销售回款不能及时收回，现金流逐渐枯竭
资金链断裂的表现	拖欠银行利息，到期贷款无法归还； 拖欠员工工资、欠交各项税费； 拖欠上游企业货款； 产能利用率低，生产经营陷入停顿、停产或半停产状态； 合并机构和裁员； 债务纠纷

资金链断裂	内容
资金链断裂的危害	企业内外部矛盾和管理问题显现； 严重影响各合作伙伴的信心； 企业的商业信用丧失，运营成本和运营风险倍增； 企业的融资难度大； 企业的资产和账户被查封； 影响上下游企业的生存； 影响其他与自身有资金关联的企业生存； 企业所有者经受不住压力

非财务经理在应对资金链断裂风险时，可以采取以下防范措施：严格控制融资规模和融资成本，建立资金到期的预警机制，加强资产管理和投资管理，严格控制现金流出，加强销售回款的管理，建立还款资金的储备机制。

1.2.6　应收款超常风险：坏账损失风险剧增

应收账款是指企业在正常的经营过程中因销售商品、提供劳务等业务，应向购买单位收取的款项。

非财务经理可以从以下几个方面关注应收款超常问题，如表1-5所示。

表1-5　应收款超常

应收款超常	内容
应收款超常的原因	企业高层对应收款超常风险及其危害不够重视； 对客户信用的管理缺乏充分的调查与评估； 供货合同不规范； 合同审批流程不严格； 对与客户之间关系的维护不够； 没有严格按合同条款执行； 逾期账款催收与管理不到位； 没有及时采取法律手段
应收款超常的表现	完不成销售回款计划； 存货越来越多，流动资金缺口越来越大，流动负债不断增加； 欠款企业破产导致欠款成为坏账，永久无法收回； 欠款久拖不还，导致超过诉讼时效

非财务经理应对应收款超常风险的防范措施如下：加强销售过程控制和账款余额控制，完善合同签订及有关账款确认手续，加强账龄的分析和管理，建

立应收账款催收责任制。

1.2.7　各级员工心态不稳定风险：各级员工需求得不到满足

关于核心管理层不稳定的风险，非财务经理需要关注企业各级员工的心态，如表1-6所示。

表1-6　企业各级员工的心态

企业各级员工	心态
基层员工	守住岗位、保证基本生活的同时，是否有升职的空间
中层员工	有升职空间、收入提高的同时，是否有学习进阶的机会
高层管理	高收入、升入核心管理层，同时关注跳槽的可能性
核心管理层	因为已经实现了财务自由，所以考虑更多的是名誉以及伴随企业发展而实现自我价值

从表1-6可以看出，企业不同级别员工的需求不同。企业核心管理层更多的是自我实现的需要。

所以，非财务经理在应对核心管理层不稳定的问题上，需要明白核心管理层所要求的不是高工资，而是把企业提升到一个高度所带来的成就感，以及企业分红所带来的远超年薪的高回报。

非财务经理面对核心管理层不稳定风险，可采取的防范措施有：树立以人为本理念；优化股权结构，对核心管理层实行股权激励；在岗位调整过程中引入竞争机制；建立科学的绩效考核机制；营造积极向上的企业文化氛围。

1.2.8　产品质量风险：生产或销售瑕疵，缺陷产品

产品质量风险是指由于产品设计考虑不周、生产技术水平不够、生产过程把关不严等所造成的质量不确定性风险。

非财务经理需要关注三类市场风险，如表1-7所示。

表1-7　产品质量风险

风险类型	内容
市场风险	产品质量符合相关法规要求，但是产品不再满足社会需要
道德风险	此类产品不违反任何法律规定，也能够满足社会的需要，但该类产品可能导致社会资源的浪费及可能与主流的社会价值观不符
法律风险	企业会因产品质量而承担民事、行政、刑事三类法律风险与责任

产品质量风险的防范措施如下：建立产品质量管理责任制，建立产品质量控制系统，优化工艺流程，建立严密的考核制度。

1.2.9　投资不当风险：未来投资收益的不确定性

投资风险是指投资主体为实现其投资目的而对未来经营、财务活动可能造成的亏损或破产所承担的风险。

投资风险是投资者在投资预测分析时关注的主要内容。投资不当风险的表现、原因及危害如表1-8所示。

表1-8　投资不当风险

投资不当	风险
投资不当的表现	投资于不熟悉的项目； 投资于技术不成熟或技术密集型项目； 投资于资金密集型项目； 投资于管理密集型项目； 投资于关系密集型项目； 投资于多因素制约项目
投资不当的原因	没有对投资决策风险的危害予以重视； 没有对拟投资项目进行充分论证； 没有建立投资内控机制； 没有利用好"外脑"； 陷入项目引资方的"骗局"
投资不当的危害	导致资金链断裂； 导致回款风险； 导致违规经营风险； 导致政策风险； 导致担保风险

投资不当风险的防范措施如下：制订清晰的投资计划；严格进行科学的投资管理论证流程；在投资实施阶段，尽可能整合外部资源，选择风险较小的运作方式；加强投资过程的管理；做好投资的后期管理。

案例　振远公司全面风险管理

振远工程机械有限公司（简称"振远公司"）是一家以挖斗机生产及销售、工程机械配件等销售为主营业务的工程机械类公司。该公司在风险管理方面做得较好，但仍有许多不足之处。

（1）全面风险管理体系的再构建。

①营销公司、客服中心、市场部。该相关部门是公司市场风险的主管部门，负责识别市场风险因素，动态跟踪及分析销售、服务、备件等相关业务流程风险，确定营销风险应对方案，制定市场风险控制制度，引导组织处理突发事件、重大风险等。

②技术中心。该部门是公司技术风险的归口管理部门，负责组织收集与产品结构、制造工艺等有关的技术风险信息，监测、分析技术业务流程风险，制定技术风险应对措施，组织协调技术风险控制活动等。

③财务部。该部门是公司财务风险的归口管理部门，负责组织识别公司财务报告、资产安全、产品成本、经营运行等风险因素，动态跟踪、分析企业经营运作流程风险，制定风险应对措施，控制财务风险活动等。

④工程制造部。该部门是公司制造风险的归口管理部门，负责组织对产品制造过程风险进行识别，监测、分析产品制造过程生产计划、物资采购、物流、设备、安全环保等相关业务流程风险，组织制定制造风险应对措施。

⑤人力资源与管理部。该部门负责协调推进企业内部风险管理活动，对影响企业战略目标、经营目标实现过程的管理风险因素、人力资源风险因素等进行识别，总体监控、分析公司关键业务流程风险，汇总归集各部门提出的风险项目。

（2）全面风险管理基本流程的再构建。

①风险识别。根据公司业务特点、管理特点及对历史经验的梳理，振远公

司总结了每个环节或者每个部门容易产生风险的节点，该做法提高了公司风险管理的针对性，也提高了公司全面风险管理的效率。公司强调，针对公司风险分布点，各部门要做好风险信息的收集工作，并且要对收集的初始信息进行必要的筛选、提炼、对比、分类、组合，以便进行风险评估。

②风险评估。振远公司更多地采用定量化的方法对潜在风险进行评估，并用风险控制模型对公司的销售风险进行评估和检测，该模型借鉴了银行、保险业的评估模型参数。根据模型估算，振远公司工程类车辆的按揭销售风险损失约为3.08%，而工程类设备按揭销售风险损失约为4.50%。

（3）全面风险管理文化体系的再构建。

①增强全面风险管理意识。

②鼓励创新的风险管理文化。

③将全面风险管理文化建设融入企业文化建设和制度建设全过程。

④创新全面风险管理文化建设的形式。

（4）工程机械企业风险管理提升。

①健全全过程风险管理的相关制度。

②营造全员风险管理的企业氛围。

③完善全面风险管理规范。

④重视全面风险管理信息系统。

第 2 章
非财务经理必备资产管理知识

　　非财务经理要想成为一名优秀的管理者，不仅要有出色的业务能力、具备一些必备的财务理念，还需要掌握一些资产管理知识。只有掌握公司的核心资产，才能掌握公司运营的核心！

2.1 资金管理：企业内部财务制度的核心

资金管理是我国企业对企业资金来源和使用进行计划、控制、监督、考核等项工作的总称，是企业内部财务制度的核心。

2.1.1 如何管控现金风险

现金管理包括三方面，见图2-1。

现金对企业的重要性不言而喻，现金是企业经营发展的必要条件。作为非财务经理，必须认识到现金管理的重要性，做好现金管控，让企业的流动资金循环起来。

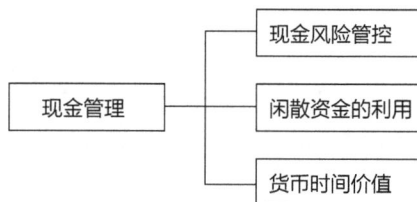

图2-1 企业现金管理的内容

那么，站在非财务经理角度，应该如何正确认识现金风险并加以控制呢？企业现金风险管控如表2-1所示。

表2-1 企业现金风险管控

财务管理目标	风险	防范措施
制定财务工作中的岗位分工及授权批准的相关政策	违反国家财务法规；未经授权的交易；潜在的舞弊风险	建立现金业务的岗位责任制，明确相关部门和岗位的职责权限，确保现金业务的不兼容岗位相互分离、制约和监督
		在现金业务中建立严格的授权批准制度，明确审批人对现金业务的授权批准方式、权限、程序、责任和相关控制措施，规定经办人办理现金业务的职责范围和工作要求

续表

财务管理目标	风险	防范措施
所有收到的现金都被准确、及时地记录	现金收入信息的丢失； 收款重复记录的可能； 现金收入信息不准确	收到客户的现金时为客户开具连续编号的现金收据，现金入账后在现金收据上加盖现金收讫章
		单位应当指定非收款人员定期核对银行账户，每月至少核对一次，编制银行存款余额调节表。如调节不符，应查明原因。银行存款余额调节表应由财务主管审阅并签字批准后及时做账务处理
现金收付、保管及存入银行等活动符合相关财务法规的规定	违反国家财务法规	规定现金库存限额，收到的现金应及时存入银行
		用不同的岗位分工来区分现金收入和现金支出的不相容职责；收到的现金每日存入银行，杜绝坐支情况的发生
保证库存现金记录及银行存款余额记录的准确	违反国家财务法规； 现金、银行存款记录信息不准确	存款信息不准确。现金日记账的账面余额必须与库存数核对相符
		应当定期和不定期地由出纳以外的人员进行现金盘点，确认现金账面余额与实际库存相符。对于不符项目及时查明原因并处理
支付符合企业政策和管理制度要求	未经授权的支付； 潜在的舞弊风险	在现金业务中建立严格的授权批准制度，明确审批人对现金业务的授权批准方式、权限、程序、责任和相关控制措施，规定经办人办理现金业务的职责范围和工作要求
准确地记录现金和银行支出	财务信息不准确； 丢失文件或信息	单位应指定非收款人员定期核对银行账户，每月至少核对一次，编制银行存款余额调节表。如调节不符，应查明原因，银行存款余额调节表应由财务主管审阅并签字批准后及时做账务处理
		已支付的付款申请加盖付讫章
安全地保管现金和相关的财务记录	现金及记录的丢失； 未经授权的篡改； 潜在的舞弊可能	企业有支票登记本记录支票的使用情况；支票登记本上支票按编号连续记录，作废支票有完整记录
		制定现金保管制度，严格限制接触现金的人员，出纳室有足够的物理安全保证
		只有经管理层授权、有工作需要的人才可以接触及修改应收账款、应付账款及现金收入、支出凭证
		出纳室的每把钥匙都需要有备份，取得备份钥匙需要有授权

续表

财务管理目标	风险	防范措施
与现金相关的票据及银行预留印鉴受到严格的管理监控	潜在的空白票据的遗失和被盗用的可能；印鉴被滥用的可能	明确各种票据的购买、保管、领用、背书转让、注销等环节的职责权限和程序，并专设登记簿进行记录
		财务专用章应由专人保管，个人名章必须由本人或其授权人员保管，票据与章分开保管
		按规定需要有关负责人签字或盖章的经济业务，必须严格履行签字或盖章手续
确保备用金的安全和记录准确	擅自挪用、借出备用金；虚假的财务信息	制定备用金管理制度，规定单位或员工备用金额度，借出备用金必须执行严格的授权批准程序
		定期与领用备用金的员工进行余额核对，对存在的差异要找出原因并及时调整

企业的现金管理水平往往是决定企业存亡的关键。在日益激烈的市场竞争环境下，企业只有提高现金管理水平，才可以合理地控制运营风险，提高企业整体资金的利用效率，从而不断加快企业自身的发展。

2.1.2 如何利用闲散资金

现金流就是生命，也是企业的命脉。纵观国内大多数企业，资金闲置现象非常普遍，特别是一些上市公司新募集的资金，大多数不是用在投资上，而是放在银行储蓄。虽然也有利息收入，但是收入甚微。企业资金是一项资产，可以为企业带来额外的收益，企业如何将闲置资金有效利用，为企业创造最大收益，这是我国企业面临的一个重要问题。

非财务经理在企业闲散资金的利用上，需必备哪些资产管理知识呢？

（1）将活期存款、定期存款和协定存款有效组合。

协定存款是企业和银行约定期限、商定结算账户需要保留的基本存款额度，由银行对基本存款额度内的存款按结算日或支取日活期存款利率计算，超过基本存款额度的部分按结算日或支取日中国人民银行公布的高于活期存款利率、低于六个月定期存款利率的协定存款利率给付利息的一种存款。

（2）利用"银债通"。

"银债通"是一种债券结算代理业务，是银行通过与企事业机构法人签订债券代理协议，为委托人提供国内外金融市场信息、代理买卖债券、债券回购融资等服务的业务。

该业务以安全、完善的债券托管结算体系为依托，企业投入银行的资金一般情况下是专款专用，委托机构的债券和资金都比较安全。而且银行的投资品种丰富，企业可按风险偏好自行选择相应的投资产品。

（3）委托贷款。

委托贷款业务是指银行接受企事业单位的委托，由委托人提供委托资金，受托银行根据委托人确定的贷款对象、用途、金额、期限、利率等代为发放、监督使用并协助收回贷款的业务。委托贷款业务可以帮助企业进行资金管理，增加投资收益，减少资金专项使用风险。

（4）黄金周投资理财不放假。

黄金周投资理财不放假包括超短期理财产品不放假，七天通知存款不放假，外汇市场不放假，基金投资不放假。

2.1.3　货币时间价值

货币时间价值具体指的是，一定量货币资本在不同时点上的价值量差额。货币时间价值来源于货币进入社会再生产过程后的价值增量。

2.2　收付款管理：企业正常运营的重要基础

非财务经理需要充分认识收付款管理的重要性，它是企业正常运营的基础，是企业资金流动的源头。选择合适的收付款工具，也是企业高品质资金管理的基本要求。

企业应该选择本票、汇票、支票等传统银行结算工具，最大限度地减少资金在途时间、加速资金流转速度，从而降低财务成本。

2.2.1　采购付款形式或工具的选择

采购付款，是指采购过程中因采购物品而需支付给供应商款项。在采购环节中，采购付款影响企业的采购成本。如果选择的付款方式不当，则会导致企业资金运转不足、资金浪费、采购成本提高，从而导致增加生产成本、物流成本、管理费用等问题。因此，企业须严格控制采购付款相关工作。

采购付款控制，就是采购专员对支付供应商款项相关活动和内容的控制，主要包括三个方面。

（1）采购付款支付方式的控制。采购付款支付方式包括现金支付、票据支付等。具体的支付方式如图2-2所示。

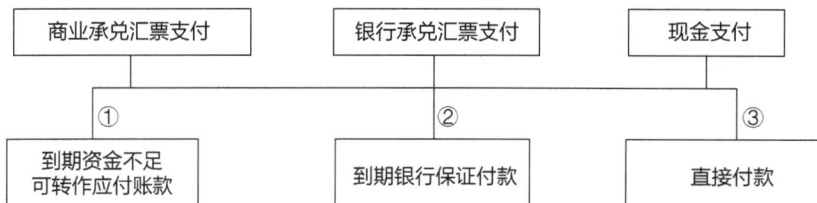

图2-2　采购付款支付方式

（2）付款方式控制。根据付款进度，企业可以选择以下方式向供应商付款：预付部分款项，货到一次性现金支付，货到票据支付，货到分期付款，货到延期付款，以及以上方式的结合。

（3）供应商的优惠方案选择控制。企业在采购过程中，采购专员须结合具体情况，分析供应商提出的优惠方案，选择最合适公司的优惠方案，降低采购成本。

2.2.2　销售收款形式或工具的选择

企业销售收款是一个复杂的过程，它不仅将商品移交给客户，还要收回款项，这样才能实现销售目标。但是，在现实的交易中，由于种种原因，企业发出商品可能无法及时收回货款。如果企业应收账款数额巨大、回收期过长、周转速度慢，坏账就随时可能产生，甚至造成资金周转不灵、资金链断裂的风险。

因此，做好应收账款的控制，就成为内部会计制度的一个重要组成部分。

同样，非财务经理也要关注销售收款工作，了解有哪些销售收款方式（见图2-3），以及销售业务存在哪些风险。

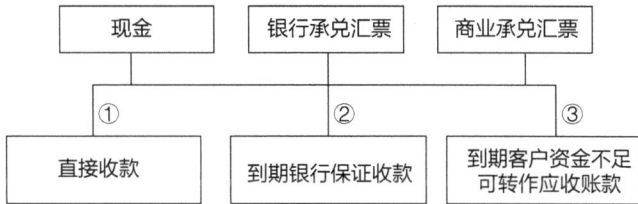

图2-3　销售收款方式

以下是非财务经理需要特别关注的、销售业务存在的一些风险点。

（1）销售策略不当，市场预测不正确，销售渠道不当等，可能导致销售不畅、库存积压、经营难以为继。

（2）客户信用管理不到位，结算方式选择不当，账款收回不力等，可能导致销售款项不能收回或遭受欺诈。

（3）销售过程存在舞弊行为，可能导致企业利益受损。

所以，企业应当加强市场调查，合理确定定价机制和信用方式，根据市场变化及时调整销售策略。企业应当健全客户信用档案，关注重要客户资信变化情况，采取有效措施防范信用风险。

企业应当加强对销售、发货、收款业务的会计系统控制，详细记录销售客户、销售合同、销售通知发货凭证、商业票据、款项收回等情况，确保会计记录、销售记录与仓储记录核对一致。

2.3 库存管理：提高经济效益的重要手段

库存量直接影响流动资金和生产情况。库存量太大，占用了资金，增加了经营风险；库存量太小，可能影响生产、交货。所以，做好库存管理、提高经济效益，是企业经营者以及非财务经理必须具备的一项资产管理技能。

很多企业的非财务经理未认识到库存管理的重要性。库存量越多，库房里的呆滞品越多，意味着企业产品在市场上不适销对路，也意味着企业离死亡不远。因此从某种程度上说，库存量决定着企业的生存和消亡。

2.3.1 如何建立仓库管理制度

非财务经理需要掌握的、建立仓库管理制度的知识如图 2-4 所示。

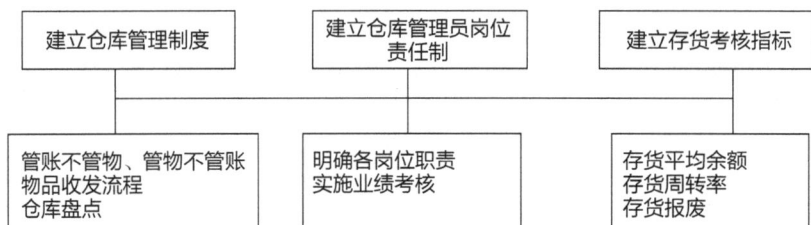

建立仓库管理制度	建立仓库管理员岗位责任制	建立存货考核指标
管账不管物、管物不管账 物品收发流程 仓库盘点	明确各岗位职责 实施业绩考核	存货平均余额 存货周转率 存货报废

图 2-4 企业仓库管理制度的建立

狭义上讲，仓库管理制度是指对仓库各方面的流程操作、作业要求、注意细节、6S 管理、奖惩规定、其他管理要求等进行明确的规定，给出工作的方向和目标，工作的方法和措施。广义上讲，仓库管理制度是由一系列其他流程文件和管理规定形成的，如"仓库安全作业指导书""仓库日常作业管理流程""仓库单据及账务处理流程""仓库盘点管理流程"等。建立仓库管理制度需注意以下三个方面。

（1）管账不管物，管物不管账。也就是说，物品出入库管理工作和账物管理工作必须由两人共同负责，不能因工作量小而由一个人同时兼任。

（2）物品收发流程，要注意入库、出库、保管三方面的工作。

入库就是按照送货单上的数目将材料清点清楚。若发现异常，必须向上级主管汇报，得到指示后遵照执行，经质检人员检验合格后，办理入库手续，开具入库单，登记进销存账或录入企业资源计划（Enterprise Resource Planning，ERP）系统。

出库要分不同情况：生产部门领料时，仓管员要根据物料清单表（或生产计划部门审核通过领料单据）照单发料，然后登记进销存账或录入 ERP 系统；发货要按照财务开出的送货单或经其审核的出库单发货，并登记进销存账或录入 ERP 系统。仓管员把每月进销存账整理好，交给财务进行账务处理及成本核算。

保管就是合理安排仓库库容，给每种物料贴上明确的标签，做到先进先出，采取合理的保护措施，防止物资因各种原因受到损坏。

（3）盘点管理。盘点管理的具体工作如下：盘点人员根据"盘点内部安排"文件进行相关作业；盘点过程中发现异常问题及时反馈处理；盘点时需要尽量保证盘点数量的准确性和公正性，做到不弄虚作假、不粗心大意、按盘点作业流程作业等；盘点初盘、复盘责任人均需要签名确认以对结果负责。

2.3.2　如何建立仓管员岗位责任制

为了有效管理库存物资、做到按需供应，以及规范仓管员的责任和权利，必须明确仓管员各岗位的职责并实施业绩考核。

（1）明确各岗位职责。

①仓库管理员负责物料的收料、报检、入库、发料、退料、储存、防护工作。

②仓库协调员负责物料装卸、搬运、包装等工作。

③采购部和仓管部共同负责废弃物品处理工作。

④仓管部确定对物料的检验和不良品的处置方式。

（2）实施业绩考核。

绩效考核是对仓管员工作进行评估的重要程序。那么，如何对仓管员实施业绩考核呢？

①部门定期根据"绩效考核表"对员工的表现和业绩进行评估，及时肯定员工的工作成果，鼓励员工继续为公司做出更大的贡献。

②检查工作表现是否符合岗位的要求。

③衡量是否能按所制定的工作要求完成工作；对于工作评估，管理人员将以一定的方式与员工沟通，以鼓励员工与管理人员之间就工作要求和工作成绩进行交流，提高工作效率。

④营造互相理解的气氛，以鼓励员工团结一心地工作，实现公司的经营宗旨及经营目标。对多次未达到工作要求的员工，公司将视该员工不能正常工作，并对其提供进一步的培训或调整岗位。

2.3.3　如何建立存货考核指标

存货考核指标主要有三个。

（1）存货平均余额。存货平均余额指的是剩余存货的平均余额，其计算公式如下。

$$存货平均余额 = （存货期初余额 + 存货期末余额）\div 2$$

存货平均余额是计算许多指标时经常用到的指标之一。

（2）存货周转率。存货周转的速度代表了企业利益的测定值，被称为"库存周转率"。这也是存货考核的重要指标。

计算公式如下。

$$存货周转天数 = 时间段天数 \times （1/2） \times （期初库存数量 + 期末库存数量）$$
$$\div 时间段销售量$$

$$存货周转率 = 360 \div 库存周转天数$$

存货周转率是在某一时间段内库存货物周转的次数，是反映存货周转速度的指标。存货周转率越高表明销售情况越好。在物料保质期及资金允许的条件下，可以适当增加其库存控制目标天数，以保证库存合理；反之，则可以适当减少其库存控制目标天数。

（3）存货报废率。存货报废率，是指有关商品、产成品、半成品、在产品以及各类材料、燃料、包装物、低值易耗品等发生的盘盈、盘亏、变质、毁损、报废、淘汰、被盗等造成的净损失所占存货的比例。

2.4 固定资产管控与配置：企业快速和持续发展的保障

固定资产属于企业重要的资源，企业的发展离不开固定资产。为了保证企业快速、高效发展，取得更高的经济效益，就需要加强固定资产的管理，对固定资产进行合理配置。

作为非财务经理，应如何对固定资产进行管控以及合理地配置固定资产呢?

2.4.1 企业固定资产各环节的主要管控措施

非财务经理应该从固定资产管理各个环节出发，指出不同环节存在的主要风险，并进一步明确各环节主要管控措施。

（1）固定资产取得环节的主要管控措施。

建立严格的固定资产交付使用验收制度。企业外购的固定资产，应当根据合同、供应商发货单等对所购固定资产的品种、规格、数量、质量、技术要求及其他内容进行验收，出具验收单，编制验收报告。企业自行建造的固定资产，应由建造部门、固定资产管理部门、使用部门共同填制固定资产移交使用验收单，验收合格后移交使用部门投入使用。对于未通过验收的不合格资产，不得接收，必须按照合同等有关规定办理退换货或做出其他弥补措施。对于具有权属证明的资产，取得时必须有合法的权属证书。

重视和加强固定资产的投保工作。对应投保的固定资产项目按规定程序进行审批，办理投保手续，规范投保行为，应对固定资产损失风险。

（2）固定资产更新改造环节的主要管控措施。

定期对固定资产技术先进性进行评估，结合盈利能力和企业发展可持续性，资产使用部门根据需要提出技改方案，与财务部门一起进行预算可行性分析，并且经过管理部门的审核批准。

管理部门需对技改方案实施过程适时监控、加强管理，有条件的企业可建立技改专项资金并定期或不定期审计。

（3）固定资产处置环节的主要管控措施。

对使用期满、正常报废的固定资产，应由固定资产使用部门或管理部门填制固定资产报废单，经企业授权部门或人员批准后对该固定资产进行报废清理。

对使用期限未满、非正常报废的固定资产，应由固定资产使用部门提出报废申请，注明报废理由、估计清理费用和可收回残值、预计处置价格等。企业应组织有关部门进行技术鉴定，按规定程序审批后进行报废清理。

对拟出售或投资转出及非货币性交换的固定资产，应由有关部门或人员提出处置申请，对固定资产价值进行评估，并出具资产评估报告。

（4）固定资产清查环节的主要管控措施。

财务部门需定期组织固定资产使用部门和管理部门进行清查，明确资产权属，确保实物与卡片、财务账表相符。在清查作业实施之前应编制清查方案，经过管理部门审核后进行相关的清查作业。

在清查结束后，清查人员需要编制清查报告，管理部门需就清查报告进行审核，确保真实性、可靠性。

对于清查过程中发现的盘盈（盘亏），应分析原因、追究责任、妥善处理、报告审核，通过后及时调整固定资产账面价值，确保账实相符，并上报备案。

2.4.2　企业固定资产的最佳配置

固定资产会影响企业生产经营水平和未来发展方向。实现企业固定资产最佳配置，有利于企业降低经营风险、优化资本结构、改善收益指标、提高固定资产利用率。

（1）固定资产最佳配置原则。

企业总体固定资产配置比率不高于同行业同类型企业。

充分考虑固定资产分类配置特点，允许有不同的固定资产类别配置标准。

考虑在建工程规模和完工期。

在不突破固定资产总体配置标准的前提下，具体按固定资产类别计算配置。

适当考虑固定资产净值率，即折旧因素。

（2）固定资产最佳配置方法。

方法一：以同行业同类型企业使用中的固定资产占营业收入的比率（%）为配置固定资产的标准。

方法二：计算本企业现有的、使用的中固定资产占全部资产的比率（%），以及使用中固定资产利用率折合100%占全部资产的比率（%），然后将这两个比率的平均比率作为固定资产配置标准。

案例　甲企业固定资产配置的做法

（1）甲企业的同行业同类型乙企业营业收入为 20 000 万元，使用中固定资产原值为 8 500 万元，占营业收入的比率为42.50%。

（2）甲企业营业收入为 15 600 万元，使用中固定资产原值为 8 056 万元，使用中固定资产占营业收入的比率为51.64%。

（3）甲企业全部资产为 24 620 万元，使用中固定资产占全部资产的比率为32.72%，使用中固定资产利用率折合100%为 7 600 万元（24 620 × 30.87%），占全部资产的比率为30.87%。

按方法一总体配置：

甲企业应配置固定资产 = 15 600 × 42.50% = 6 630（万元）

甲企业需压缩使用中固定资产 = 8 056 - 6 630 = 1 426（万元）

按方法二总体配置：

甲企业应配置固定资产 = 24 620 × [（32.72% + 30.87%）÷ 2] = 24 620 × 31.80% = 7 829.16（万元）

甲企业需压缩使用中固定资产 = 8 056 - 7 829.16 = 226.84（万元）

说明：方法一参照了同行业同类型企业的使用中固定资产占营业收入的比率，但尚未考虑固定资产利用率；方法二考虑了固定资产利用率，但依据的是本企业资产规模。

第3章
非财务经理如何解读企业运营与财务报表

　　非财务经理解读企业运营，一定绕不开企业财务报表——它们是表明一家公司是否健康的体检表。财务报表提供了足够多的公司经营状况信息，报表使用者可以从中了解想要了解的经营情况。

　　财务报表的数据不是凭空而来的，而是公司按照企业会计准则的要求，用一定的方法将一笔笔实际发生的业务由繁及简、由表及里地汇总而成。非财务经理只要读懂财务报表全貌，就可以大致了解公司的经营状况，从而做出管理和投资的决策。

3.1 如何运用财务思维解读企业运作

财务思维是指一种运用财务学理论和知识进行科学思考的心智活动，它具有非常高的普适性，其本质是用于优化决策的方法论。也就是说，财务思维就是用于平衡收益和成本，企业所有的经营行为都要平衡这两个方面。所以，经营管理其实是一种表现，财务思维是一个支撑点。

非财务经理需要具备哪些财务思维，才可以解读企业运营，打通企业的经营管理呢？

3.1.1 财务战略思维

随着企业之间的竞争日趋激烈，企业领导层、非财务经理对财务管理的重视度越来越高。财务战略能有效提高财务管理效率。非财务经理要提高企业财务管理水平，就需具备财务战略思维。

非财务经理需运用财务战略思维，把握企业生命周期，运用财务战略控制方法与手段，坚持财务战略控制原则，防范企业经营风险。

3.1.2 资本投入和所有者权益思维

非财务经理需要具备资本投入和所有者权益思维。所有者权益与开展业务而产生的收支无关，是一种资本投入思维。同时，所有者权益是企业持续经营的基础和资源，企业必须在资源约束下稳健经营。

3.1.3 成本控制思维

成本控制是企业根据一定时期预先建立的成本管理目标，由成本控制主体在其职权范围内，在生产耗费发生以前和成本控制过程中，对各种影响成本的因素和条件采取的一系列预防和调节措施，以保证成本管理目标实现的管理行为。根据估算对实际成本进行检测，标记实际或潜在偏差，进行预测准备并给出保持成本与目标相符的措施。

非财务经理成本控制思维包括研制产品未来成本的控制、材料采购过程成本的控制、产品生产过程成本的控制、销售过程费用的控制、管理费用日常控制、质量成本控制、人力资源成本控制等。

3.1.4 结算与交易思维

非财务经理需要具备结算与交易思维，以保证商品交易与结算业务能正常进行。我国的支付结算制度规定办理结算必须遵循三大原则：钱货两清、维护收付双方的正当权益、银行不予垫款。

由于企业内部管理往往是基于外部交易而开展的，而内部交易的处理比较简单，也没有契约保障，容易出现各种有争议的现象。所以在企业与内部部门发生交易时，应当视同与外部企业发生交易，遵循一定的流程，如签订合同、下达指标等，以明确责任。

3.1.5 资金成本思维

资金成本是为取得资金使用权所支付的费用，项目投资后所获利润必须能够补偿资金成本，这样才有利可言。因此，基准收益率最低限度不应小于资金成本，否则便无利可图。

非财务经理需要具备资金成本思维，虽然使用本企业的资金不需要付费，但如果本企业资金不足，向银行借款就需要支付利息费用。因此，应当建立企业有偿使用资金的制度。

3.1.6 利润思维

非财务经理必须认识到，利润是企业经营效果的综合反映，也是企业经营最终成果的具体体现。

非财务经理需要具备利润思维，在设计部门考核方案时，要基于年度利润的一定的比例来发放奖金。但某年盈利不代表企业在更长的一个期间内盈利，因此要求当年盈利当年完全分配是不合适的，应该以丰补歉。

3.1.7 税务思维

进行税收筹划能将企业的税收最小化。非财务经理可能觉得进行税收筹划是财务部门的事，与自己没有关系。其实不然，一名优秀的非财务经理同样应该掌握一些税收筹划的知识，这样才能为企业争取更大的利益。

非财务经理需要具备税务思维，了解税收筹划，在遵守税法的前提下，通过税收筹划降低税负，以增加企业利润。

（1）税务管理离不开税收筹划。

企业税务管理主要是指企业对其涉税业务和纳税实务的研究和分析、计划和筹划、处理和监控、协调和沟通、预测和报告的全过程管理行为。

非财务经理不仅要掌握一些税务管理的理念和策略，还需要熟悉税务申报的流程并进行监控，进一步减少可能在实务中出现的问题。税务管理，应该作为企业整体战略的重要组成部分。非财务经理应积极调整组织结构，改革管理体制，实施税务管理，构建以流程控制为核心的内部控制和风险管理体系。

税务管理的目的是规范纳税的行为、科学合理地减少税务支出，防范纳税风险。这就表明，税务管理不仅是财务部门的事情，还是经营部门的事情，应贯穿企业经营管理的各个环节，尤其是非财务经理进行税务决策这一环节。

税收筹划是指企业根据所处的税务环境，在尊重税法、遵守税法的前提下，规避涉税风险，控制或减轻税负，从而实现企业财务目标的谋划、对策与经营活动安排的管理行为。

（2）税收筹划的策略。

税收筹划策略主要有三种："激进"的税收筹划策略、"保守"的税收筹划策略、"激进＋保守"的税收筹划策略。企业管理层应合理选择一种税收筹划策略，并运用到实践中。不同税收筹划策略的特点如表3-1所示。

表3-1　不同税收筹划策略的特点

税收筹划策略	特点
"激进"的税收筹划策略	一种进攻的姿态，积极找机会减免税款和延期纳税，以增加收入和利润。但是这种策略的风险性大，并有可能被罚款
"保守"的税收筹划策略	这个策略更加注重税务风险。优点是风险性较小，很少会被惩罚，但有可能多交了税企之间尚存争议的税款
"激进＋保守"的税收筹划策略	不同的税种，选择不同的策略。风险性、可控性较好，此策略被大多数企业采用

对于第三种策略，非财务经理需要关注的是：将涉税的政策及时上传下达，使部门之间及时沟通、配合。涉税工作岗位的人员需关注的是：掌握、理解税收政策。

综上所述，税收筹划策略要兼具前瞻性和可操作性。换言之，在税务风险可控的前提下，有效地保护自身的税务价值。

税收筹划是企业经营战略的重要组成部分、作为非财务经理和税务会计，不仅要对税务资金运动进行反映和监督，还要进行税负分析，在不违反税法的前提下，利用合理手段以合理税收筹划，保护自身权益，增加企业利润。

（3）税收筹划的空间。

一般来说，税收筹划的空间由以下几项内容构成，如图3-1所示。

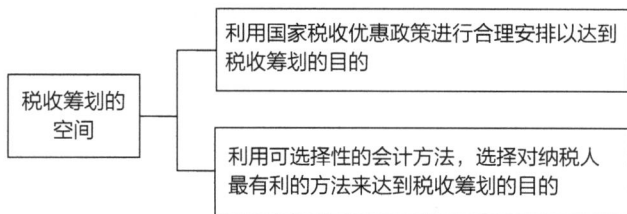

图3-1　税收筹划的空间

因此，非财务经理及财务人员在工作中应当能够运筹帷幄，具备较高的税收筹划水平，具有深入理解税收政策的能力，以保证税收筹划方案的合法性，最大限度地给企业带来经济利益。

3.1.8　不断优化存量资产思维

存量资产是指企业所拥有的全部可确指的资产。企业的应收账款、其他应收款、无形资产都属于存量资产。

非财务经理需具备不断优化存量资产思维，及时处理积压物资和闲置固定资产，以提高资产利用率，减少资产积压。

案例　企业亏损后年终奖怎么发

某企业的经营效益一直很好，从成立以来一直保持着良好的发展势头，资产规模年增长率最高时达到190%，发展速度慢的年份的年增长率也超过35%。可在第13年该企业出现了问题，不仅没有发展，反而萎缩16%。财务年终结算，不仅没有利润，而且严重亏损，亏损额高达1.7亿元。

马上就要过年了，依往年的惯例，年终奖是两个月的平均工资，并且都在春节前十天发放。尽管现有的资金足够发奖金，可发了奖金，流动资金就没有了。

离春节只有半个月了，公司董事长和总经理都在为此事发愁，一筹莫展。最后由董事长主持，召开了一个高层秘密会议，讨论这一问题。参加者有公司总经理、常务副总经理、生产副总经理、营销副总经理、行政总监、财务总监、人力总监，总共8个人，会议在郊区某四星级酒店的小会议室举行。

当董事长开场说明会议议题时，大家都一脸严肃。好长一段时间，没有一个人说话。

今年的奖金怎么发？大家都在为解答这个问题而沉思。

"实话告诉大家，今年效益严重下滑，没有发年终奖金的资金。"财务总监开了一个头。

"不行。这样会导致员工士气滑落，甚至出现关键岗位员工跳槽的情况。这样企业就完了。"董事长立刻反对说道。

"我们早点开展目标管理就好了。企业发展目标没有达成，也就是岗位员工的工作目标没有达成，也就用不着发奖金了。"行政总监说。

"废话！我们没有实施目标管理，这不是白说。"董事长很不高兴地说。

"不然我们今年发一个月的平均工资，今年效益不好，大家都是知道的。只发一个月，大家应该能理解。支付一个月的平均工资，虽然会导致资金周转紧张，可不至于发生大的危机！"财务总监说。

可是，董事长和总经理都双眉紧锁。

会议又进入了沉默阶段。

"可以这样，说明实际，明确承诺，奖金照发，但不是马上发，而是等效益好转后补发。我想员工会理解的，凝聚力也不会因此而散。"

"实际上是一样的，发奖金打白条，员工不一定认同，传出去还被人笑话。"总经理说完，望了望董事长，去洗手间了。

总经理一走，人力总监马上跟去了。他们俩回来时，会议仍然沉静得可怕。他们两人的脚步敲在地板上，特别让人心焦。总经理坐下后对着董事长密语了几句，董事长立即宣布散会，说："都回去思考思考，找时间再议。"

没过两天，一个小道消息不胫而走：由于营业不佳，年底要裁员。

一下子人心惶惶了，每个人都在猜测，自己会不会被裁。

正在大家心神不定时，总经理宣布：再怎么艰苦，企业也绝不愿牺牲同甘共苦的同事，只是今年没有资金发年终奖了。

总经理一席话，使员工们的心安定下来了。员工们都想，只要不裁员，没有奖金就没有吧。

离除夕只有五天了，财务部发出通告，说：今年的年终奖已发至每一个员工的银行工资卡了，共计一个月的工资，大家抓紧时间查核，如果有误，速告知财务部。

公告一贴出，整个企业大楼响起一片欢呼声，接着车间也传来阵阵欢呼。该企业奖金的发放策略着实让人叫好，可它只能运用一次。下一年再如此，其效果可能就不同了。

奖励的兑现必须有根据，并且丝毫不能打折扣。这就是员工绩效考核排序激励兑现管理模板的作用和意义。

3.2　财务报表解读与分析

财务报表是反映一家企业经营的特殊语言。非财务经理解读与分析财务报表的最大意义在于学会发现企业问题，排除隐藏的风险。财务报表是对企业或预算单位一定时期的财务状况、经营成果和现金流量的结果性表述。

3.2.1　资产负债表的解读与分析

资产负债表亦称财务状况表，是表示企业在一定日期（通常为各会计期末）的财务状况（即资产、负债和所有者权益的状况）的主要财务报表。资产负债表利用会计平衡原则，将合乎会计原则的资产、负债、所有者权益等交易科目分为"资产"和"负债及所有者权益"两大区块，在经过编制分录、转账、分类账、试算、调整等会计程序后，以特定日期的静态企业情况为基准，编制成一张报表。该报表除了加强企业内部管理、指明经营方向、防止舞弊外，也可让报表使用者在最短时间内了解企业经营状况。

也就是说，资产负债表主要说明一家企业在经营时，某一个时点有多少资产，积欠供应商与银行多少债务，以及向所有者拿了多少资金来经营。表3-2所示为资产、负债和所有者权益之间的关系。

表3-2　资产负债表概貌

资产（左边）	负债（右边）
货币资金 应收账款 其他应付收账 预付账款 存货 流动性资产总计 预付账款 固定资产 其他资产 投资性资产 资产总计	短期借款 应付票据 应付账款 流动负债合计 长期借款 其他应付账款 非流动负债 实收资本 资本公积 盈余公积 未分配利润

（1）资产负债表是平衡的报表。

资产负债表是反映企业某一特定日期（月末、年末）全部资产、负债和所有者权益情况的财务报表。它的基本结构是"资产＝负债＋所有者权益"，这一会计恒等式如图3-2所示。不论企业处于怎样的状态，这个会计公式永远是恒等的。

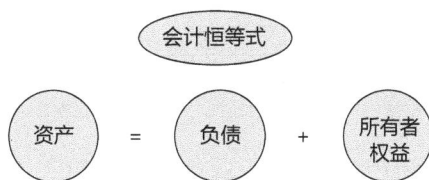

图3-2　会计恒等式

也就是说，资产负债表就是一张平衡表，遵循会计恒等式，左边等于右边。资产负债表的右边，告诉我们企业的资金是从哪儿来的——所有者投入的资金（所有者权益）和银行贷款等（负债）。资产负债表的左边，告诉我们企业的资金花到哪儿去了——厂房设备、原材料、产品等（资产）。

（2）资产负债表是一个时点的概念。

从概念上来看，资产负债表是总括反映企业在一定日期全部资产、负债和所有者权益信息的财务报表，它表明企业在某一特定日期所拥有的经济资源、所承担的经济义务和企业所有者对净资产的要求权。

资产负债表基本反映了企业在某一特定日期的财产分布状况，但对于这一日期之前和之后的财产状况则无法揭示。投资者从资产负债表中，可以清楚看到企业拥有的各种资产、负债以及企业所有者能够拥有的权益。

资产负债表是反映企业在某一个时点的财务状况的报表，这是非财务经理常常忽视的一个问题。比如，2020 年 12 月 31 日资产负债表是反映 2020 年 12 月 31 日 24 点 0 分 0 秒瞬间的财务状况的报表。这个时间点，就是资产负债表的时点数。

本质上来说，非财务经理要真正看懂资产负债表，就需要对企业不同时点的资产负债表进行比较，从而对企业的发展趋势做出判断。就像我们通过比对自己不同时间、不同年龄的照片，找到成长的轨迹，看企业成长轨迹也需要比对不同时点的资产负债表。

因此，资产负债表反映的是某时某刻，企业有多少资产，有多少负债，有多少所有者权益。有一种形象的说法，即资产负债表类似于拍的照片，记录的是某个瞬间企业的财务状况。

表 3-3 是 M 公司资产负债表，它反映的是 2019 年 12 月 31 日 M 公司的资产、负债等情况。

所以，非财务经理看资产负债表，不可忽略时间点这个问题，否则就会对企业的情况做出错误的判断。

表3-3 M公司资产负债表

截止到
2019年12月31日
公司情况

资产负债表

M公司资产负债表

2019年12月31日

单位：万元 币种：人民币

资产

项目	期末余额
流动资产：	
现金	500
应收账款	300
存货	1 000
其他流动资产	200
流动资产合计	2 000
非流动资产：	
固定资产	700
无形资产	300
其他非流动资产	
非流动资产合计	1 000
资产总计	3 000

项目	期末余额
流动负债：	
短期借款	200
应付票据	100
应付账款	100
应付职工薪酬	100
流动负债合计	500
非流动负债：	
长期借款	500
非流动负债合计	500
负债总计	1 000
所有者权益	
实收资本	1 000
资本公积	300
盈余公积	200
未分配利润	500
所有者权益总计	2 000
负债及所有者权益总计	3 000

负债

所有者
权益

（3）资产负债表中，不同资产的流动性不同。

非财务经理还需要正确理解企业资产流动性的概念。从狭义角度来看，企业资产的流动性是指企业资产在价值不损失情况下的变现能力和偿债能力。变现能力是企业资产产生现金的能力，它取决于可以在近期变为现金的流动资产的多少。偿债能力是企业即时偿还各种债务的能力。

资产之间是有区别的，有的资产流动性高，变现能力强，如现金、银行存款；有的资产流动性差，如老工业基地里一条过时的生产线，或者荒漠里的一块地皮。

所以，资产就有了流动性资产、非流动性资产之分。资产负债表的资产部分，是根据资产的流动性进行排序的，容易变现的资产排在前面，越难变现的资产就越靠后。

资产变现越容易，流动性就越高，折价率越低。

比如，1 000万元的银行存款要变现，预约后直接去银行取钱就可以了，不需要什么成本，存款有多少就可以取多少，银行存款的折价率低，即流动性高；而一堆1 000万元的存货要变现，也许最终只能拿回600万元，即它的折价率高、流动性低。所以，从图3-3我们看到，货币资金金排在最前面，无形资产很难变现，所以排在最后。

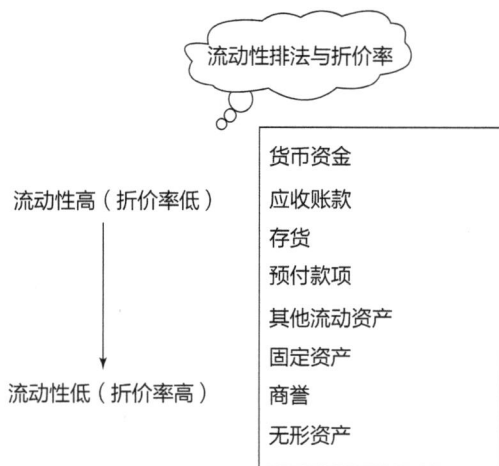

流动性排法与折价率

流动性高（折价率低）

货币资金
应收账款
存货
预付款项
其他流动资产
固定资产
商誉
无形资产

流动性低（折价率高）

图3-3 部分资产项目的流动性与折现率

为什么要特别说明资产负债表的这个特性呢？因为企业在经营的过程中，经常会遇到负债到期要还了，可是现金不够，只好通过其他资产抵债，如存货。很多企业就会出现"资不抵债"的情况，就是资产折价之后，也无法偿还负债。遇到这样的情况，要怎么办？企业只能破产清算了。还记得美国的雷曼兄弟公司吗？它曾经是美国的第四大投资银行，但是因为在金融危机期间无法偿还到期的负债而破产。

（4）资产负债表中，不同负债的差异性较大。

非财务经理需要了解负债相关的科目如下。

短期借款：在日常的生产经营活动中，难免会有资金周转紧张的时候，这时首先会想到的是向银行等金融机构或个人借款。这个借款一般是为了周转，较短时间内就会归还，企业通过"短期借款"科目来进行核算。

应付票据和应付账款：企业在购买材料、商品或接受劳务时不是支付现金或银行存款，而是开出银行票据或是延期支付，就形成了应付票据和应付账款。

应付票据和应付账款都是企业的债务，却有很大的不同。应付票据是企业开出并承诺将来在一定日期再支付的汇票，其作为一种延期付款的证明，由企业或者银行担保。而应付账款是在收到货物的同时不支付货款，也没有什么证明，只是一种纯粹的、尚未结清的、仍需支付的债务。

应付职工薪酬：在实际的生产经营活动中，有些费用支付时间和计入成本费用的时间不同，为了满足费用配比的要求，需要使用会计科目来进行中转，如"应付职工薪酬"科目。

企业一般会在月中或每月的某个固定时间支付职工工资，但会在当月结束后将全月支付职工的工资、奖金、津贴等，按人员分类分配计入成本，各种待交的社会保险也一样。如果应付金额超过了已付金额，就会形成企业的负债。与职工相关的费用全部通过"应付职工薪酬"科目来核算。这样有利于企业掌握应付给职工的款项，也便于统计所有与职工有关的费用，并做出相关数据分析。

应交税费：企业在日常生产经营活动中从事销售商品、提供劳务等活动会产生一定的收益，应依照法律法规的规定缴纳各种税费，如增值税、消费税、资源税、城市维护建设税等。

因为税费应该归属的期间与实际缴纳期间的不同，产生的应缴纳而尚未缴纳的款项就应该通过"应交税费"科目来核算。

按照权责发生制的规定，这些税费不管当期实际是否缴纳，均应在业务发生时记入"应交税费"科目的贷方，表示负债的增加，等到实际缴纳时再从该科目借方转出。

长期借款：一般来说，企业从用现金购买原材料进行加工、销售再收回现金的过程，是一个完整的生产经营活动过程，该过程在会计中被称为一个营业周期。与短期借款相比，长期借款的偿还期限为一年或者超过一年的一个营业周期以上，而且长期借款的金额一般会比较大，借款金额和偿还方式会按照合同或约定。

所以，针对长期借款，企业必须做好资金安排，按期准备好偿还所需的货币资金。比如，某科技公司为买办公楼向银行贷款1 000万元，按合同规定分10年偿还，那么这笔贷款就属于长期借款。

非财务经理还应该注意一点，负债的到期期限是一个动态的过程，如果长期负债还剩一年就要到期了，那么它实质上属于流动负债的范畴了，在资产负债表上就要将其从非流动负债项目转入流动负债项目列示。

总之，只有了解企业的负债，才能更自如地安排好资金，安排好企业的生产经营。企业流动负债和流动资产金额应该相互匹配，非财务经理应充分利用好应付账款等流动负债，为企业资金的流动性做出一定的贡献。

我们知道资产之间的差异性较大。其实，负债之间的差异性也较大。

大多数企业遇到资金问题，首先想到的是向银行借钱，因为借款利息低，而且期限较长。因此，这种债务比较受企业所有者欢迎。

对于负债，非财务经理要科学管理。比如，流动性资产最好要大于流动性负债。因为流动性负债是短期内要还的，如果流动性资产不能覆盖流动性负债，企业的资金链就容易断裂。

（5）如何理解资产负债表上的财务数据。

企业资产负债表上的项目就是财务报表的细胞。非财务经理要读懂财务报表，必须从了解会计科目、了解财务数据开始。

①如何在资产负债表上确定企业对外投资的最高限额？

通常情况下，企业投资于长期资产的数额不应超过企业所有者权益的净额，这里的长期资产指的不仅是企业的长期投资，还包括企业的固定资产占用的资金。

②资产负债表中的哪些项目不能任意调整？

固定资产和与所有者权益、对外投资相关的项目。

③怎样分析交易性金融资产项目的会计信息？

满足下列条件之一的，应当划分为交易性金融资产。

a. 取得该金融资产的目的主要是近期内出售或回购，如企业以赚取差价为目的从二级市场购入的股票、债券、基金等。

b. 属于进行集中管理的可辨认金融工具组合的一部分，且有客观证据表明近期采用短期获利方式对该组合进行管理。

c. 属于衍生金融工具，如国债期货、远期合同、股指期货等。

④怎样分析"应收票据"项目的会计信息？

"应收票据"项目反映企业收到的未到期也未向银行贴现的应收票据，包括商业承兑汇票和银行承兑汇票。分析时，注意以下几点：

a. 确定应收票据是否则归本单位所有；

b. 账实是否相符；

c. 入账时间和金额是否正确；

d. 应收票据的转让是否经有关人员的批准。

⑤怎样分析"应收账款"项目的会计信息？

"应收账款"项目反映企业因销售商品和提供劳务等而应向购买单位收取的各种款项，减去已计提坏账准备后的净额。本项目应根据"应收账款"科目所属各明细科目的期末借方余额合计，减去"坏账准备"科目中有关应收账款计提的坏账准备期末余额后的金额填列。"应收账款"科目所属明细科目期末有贷方余额，应在资产负债表"预收账款"项目填列。

应收账款项目的分析。

a. 应收账款的质量分析。

b. 应收账款的动态分析。应收账款是赊销业务形成的债权。

c. 对应收账款的总额分析。影响应收账款总额的因素主要包括：同行业竞争、企业的销售规模、企业的信用政策。

d. 应收账款的计价。

e. 关注应收账款的账龄。

f. 对扣减项目的坏账准备进行分析，包括坏账损失的确认条件、计提比例、估计方法、处理方法及其他相关现定。

g. 分析应收账款明细账余额。

h. 对应收账款周转情况进行分析。

i. 应收账款与其他财务数据的对比分析：应收账款与总资产对比、应收账款与主营业务收入相比、应收账款与经营活动的现金流量相比、应收账款与营业利润相比。

⑥怎样分析"预付账款"项目的会计信息？

"预付账款"项目反映企业预付给供应单位的款项。本项目应根据"预付账款"科目所属各明细科目的期末借方余额合计填列。如"预付账款"科目所属有关明细科目期末有贷方余额的，应在"应付账款"项目内填列。如"应付账款"科目所属明细科目有借方余额的，也应包括在本项目内。

非财务经理应重点关注以下内容。

a. 有无签订合同的授权审批。

b. 预付账款的到货及结算情况。

c. 预付账款的利用。商品的价格随着有关因素的变化而波动，特别是常年大量进货的品种，如果预测未来期间行情看涨，可以采取预付账款购买的方式。

⑦怎样分析"存货"项目的会计信息？

非财务经理需要了解存货的内容：在库存货、在途存货、出租存货、加工中的存货（在产品等）。

存货项目的分析：

a. 对存货的物理质量分析；

b. 对存货数量及其占总资产或流动资产的比重分析；

c. 存货的时效状况分析；

d. 存货周转的分析；

e. 对存货的品种结构分析；

f. 存货跌价准备的分析；

g. 存货日常管理分析。

⑧怎样分析"固定资产原价"项目的会计信息

企业会计准则规定固定资产应具备的条件：为生产商品、提供劳务、出租或经营管理而持有的，使用寿命超过一个会计年度的有形资产。

固定资产的分析：

a. 分析固定资产的结构；

b. 识别判断固定资产投资是战略性投资还是战术性投资；

c. 分析企业采用的固定资产折旧方法；

d. 分析固定资产质量；

e. 分析固定资产成新率；

f. 分析固定资产增减变动情况；

g. 判断固定资产减值准备计提是否充分。

（6）企业生存之道：经营能力的综合判断。

资产负债表反映的是一家企业的家底，即反映有多少资产、多少负债等，这正是企业经营能力的体现。所以，企业的综合经营能力就藏在这张表中。那么，如何有效地判断一家企业的经营能力呢？

我们先了解一下什么是企业的经营能力。企业的经营能力主要指企业营运资产的效率与效益。效率可以通过总资产周转率表现，效益可以用净利润率和毛利率来表示。

其实，每一项资产的周转率都可算出来，计算公式如下。

$$资产周转率 = 营业收入 \div 资产账面价值$$

比如，总资产周转率 = 收入 ÷ 总资产，应收账款的周转率 = 收入 ÷ 应收账款，流动资产的周转率 = 收入 ÷ 流动资产，固定资产的周转率 = 收入 ÷ 固定资产，等等。以此类推，我们就可以算出每项资产的周转率了。不过，在现实中计算存货周转率却用另一种方法，即把"收入"换成了"成本"。为什么要用成本来除以存货呢？因为在被出售之后，存货就转化成了营业成本，所以会计更习惯用成本除以存货的方式计算存货周转率。

当把这些资产的周转率计算出来之后，我们发现，它们相当有用。通过计算周转率，我们可以得知周转的周期。通过这个周期，我们就可以有效地衡量一家企业的经营能力了。

无论是收入还是成本，它们都是出现在利润表上的数字；而分母是各个资产项目，是被记录在资产负债表上的项目。问题也就随之而来。

资产负债表反映的是一个时点的数据，而利润表则表现了一段时期的数据，如果用时段数据直接除以时点数据，得到的结果一定是不精确的。

于是，会计想到了一个办法：用收入或者成本除以这项资产在一年当中真正的平均水平（用这项资产期初数额与期末数额之和除以2）。这就是资产周转率的计算方法，它可以很有效地衡量一家企业的营运能力。

如果看到资产周转率降低，那就有两种可能：一是营业收入降低，二是资产增加。如果营业收入降低，可以进一步通过营业收入构成判断是哪一个产品（或业务）的问题。如果资产增加，可以进一步通过资产负债表观察是哪一项资产增加较多。

比如，××味业公司的资产周转率逐年下降，似乎是一个不好的信号。但根据上述思路分析，就可以知道××味业公司资产周转率的下降并非因为其创收不利，而是因为资产增长过快。而推动资产增长的主要项目是货币资金——××味业公司的总资产从2010年的40亿元增长到2019年的200亿元，增长5倍，其中货币和理财从17亿元增长到145亿元，增长约8.53倍。至2019年年底，货币和理财占总资产的72.5%。因此，××味业公司的资产周转率的下降其实不是危险的信号，而是公司"不差钱"的表现。

同样，这一思路也可以帮助正确解读"存货周转天数"指标。

某知名国酒品牌S公司的存货周转天数高达1 257天——将近4年。一般我们会认为，这么多的周转天数，说明产品卖不动，公司应该快要倒闭了，这显然不符合现实情况。如果我们看其年报中存货的明细项目，就会发现存货中有相当大比例的在产品。

事实上，S公司生产出来的酒并不会马上出售，而是会放在酒窖中保存几年再出售，这是为了保证S公司酒的高品质。放在酒窖中的酒构成了存货中的在产品，从酒窖拿出来准备出售的酒构成了存货中的库存商品。

因此，要看S公司的酒卖得好不好，不应该看"存货周转天数"，而应该看"库存商品周转天数"。在2018年，S公司酒的"库存商品周转天数"为81天，是不是看上去没有那么恐怖了？

除了周转率，还有哪些指标可以帮助我们高效精准地分析资产负债表呢？我们先回顾一下资产负债表的构成，看看还有哪些财务密码藏在其中。无论是资产、负债还是所有者权益，都有相应的分析指标，如图3-4所示。

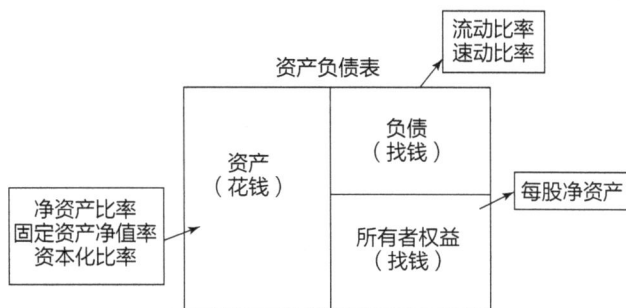

图3-4 常见的资产负债表分析指标

首先，介绍反映企业财务结构合理性的指标。要看一家企业的财务结构是否合理，可以通过3个指标进行判断，它们分别是净资产比率、固定资产净值率、资本化比率。

我们先来看净资产比率。该指标主要用来反映企业的资金实力和偿债安全性，它的倒数即为负债比率。其计算公式如下。

净资产比率 = 所有者权益总额 ÷ 总资产

可见，净资产比率的高低与企业资金实力成正比，但该比率过高，则说明企业财务结构不合理。该指标一般应在50%左右，但对于一些特大型企业而言，该指标的参照标准应有所降低。

接下来，我们来看固定资产净值率。该指标反映的是企业固定资产的新旧程度和生产能力。其计算公式如下。

固定资产净值率 = 固定资产净值 ÷ 固定资产原值

固定资产净值率对于工业企业生产能力的评价有着重要的意义，一般该指标以超过75%为佳。

第三个反映企业的财务结构的指标是资本化比率。该指标主要用来反映企业需要偿还的及有息长期负债占整个长期营运资金的比重，所以该指标不宜过高，一般应在20%以下。其计算公式如下。

资本化比率 = 长期负债合计 ÷（长期负债合计 + 股东股益合计）

其次，介绍反映企业偿还债务安全性及偿债能力的指标。要看一家企业的短期偿债能力怎么样，就要算一算它的流动比率和速动比率。

流动比率主要用来反映企业偿还债务的能力。其计算公式如下。

流动比率 = 流动资产 ÷ 流动负债

这个指标最好要大于200%，这样才是安全的。过高的流动比率反映了企业的资金没有得到充分利用，而该比率过低，则说明企业偿债的安全性较弱。

另一个指标就是速动比率，它是企业速动资产与流动负债的比率。速动资产是企业的流动资产减去存货和预付费用后的余额，主要包括现金、应收票据、应收账款等项目。其计算公式如下。

速动比率 =（流动资产 - 存货 - 预付费用 - 待摊费用）÷ 流动负债

该指标是衡量企业流动资产中可以立即变现用于偿还流动负债的能力。一般情况下，该比率应以1:1为佳，但在实际中，该比率（包括流动比率）的评价标准还须根据行业特点来判定，不能一概而论。

最后，介绍反映所有者对企业净资产所拥有的权益的指标。什么指标能体现所有者对企业净资产所拥有的权益？那就是每股净资产。该指标说明所有者所持的每一股股票在企业中所具有的价值，即所代表的净资产价值。其计算公式如下。

$$每股净资产 = 所有者权益总额 \div (股本总额 \times 股票面额)$$

一般来说，该指标越高，每一股股票所代表的价值就越高，但是这应该与企业的经营业绩相区分，因为每股净资产比重较高可能是由于企业在股票发行时取得较高的溢价。

这些指标就是隐藏在资产负债表中的财务密码。

3.2.2　利润表的解读与分析

非财务经理只要能看懂利润表，就能得知所有者投入的本金有没有赚到钱。

企业如何获得利润，看起来似乎是生产产品并卖出去获取收入，实际上获得利润并非这么简单。企业生产了产品并卖出去，这个过程还需要支付各种各样的费用，在扣除这些费用后，企业是否盈利？为了得到答案，我们把得到利润的过程具体列在一张表上，这就是利润表，如表3-4所示。

表3-4　利润表

编制单位：　年　月　日　　　　　　　　　　　　　　　　　　　单位：元

项目	本期金额	本年累计金额
营业收入		
减：营业成本		
营业税金及附加		
销售费用		
管理费用		
财务费用		
资产减值损失		
加：公允价值变动收益（损失以"－"号填列）		
投资收益（损失以"－"号填列）		
其中：对联营企业和合营企业的投资收益		
营业利润（损失以"－"号填列）		
加：营业外收入		
其中：非流动资产处置利得		

续表

项目	本期金额	本年累计金额
减：营业外支出		
其中：非流动资产处置损失		
利润总额（亏损总额以"－"号填列）		
减：所得税费用		
净利润（净亏损以"－"号填列）		
其他综合收益的税后净额		

（1）利润表项目分析。

①营业收入。

营业收入是企业产生经营活动现金流量的来源，是评价该企业市场竞争力、盈利能力的主要指标之一。

基于对行业和企业经营环境的了解，首先，分析者可以将本期营业收入与上期比较，分析产品销售的结构和价格变动是否异常，也可计算本期重要产品的毛利率，与上期比较是否存在异常，各期之间是否存在重大波动。

其次，分析者可以比较本期各月各类营业收入的波动情况，分析其变动趋势是否正常，是否符合企业季节性、周期性的经营规律，以查明异常现象和重大波动的原因等。

②营业成本。

营业成本指企业所销售商品或者所提供劳务的成本，是分析产品毛利率的基础工作之一，其应与所销售商品或者所提供劳务而取得的收入进行配比。制造企业的生产成本占据营业成本的比例较大，包括生产材料和人工成本。

③税金及附加。

税金及附加反映企业经营业务应负担的土地使用税、消费税、资源税、房产税、印花税、车船税、资源税等。另外，城市维护建设税和教育费附加属于附加税，增值税和企业所得税不在此项目填列。这些应交税金与营业收入有关，按法定比例计算。

④销售费用。

销售费用指企业在销售产品或提供劳务过程中发生的各项费用，包括由企业负担的包装费、运输装卸费、展览广告费、租赁费（不包括融资租赁费），以及为销售产品而专设的销售机构产生的费用，包括职工工资、福利费、差旅费、办公费、折旧费、修理费和其他经费。通常情况下，销售费用的增减与营业收入的增减存在相关关系，可由此检测销售成效。

⑤管理费用。

管理费用指企业行政管理部门为组织和管理生产经营活动而发生的各种费用，包括企业统一负担的公司经费、工会经费、待业保险费、董事会费、聘请中介机构费、咨询诉讼费、业务招待费、办公费、折旧费、存货跌价准备、坏账计提准备、土地绿化费、行政人员费用等。

⑥财务费用。

财务费用是企业发生的各类财务费用，虽是为取得营业收入而发生的，但与营业收入的实现没有明显因果关系，不宜计入生产经营成本。财务费用包括利息支出、汇兑损益、金融机构手续费等。

⑦资产减值损失。

资产减值损失指资产的可收回金额低于其账面价值，包括对联营企业或合营企业的长期股权投资、采用成本模式进行后续计量的投资性房地产、固定资产、生产性生物资产、无形资产、商誉、探明石油天然气矿区权益等。

企业应在资产负债表日判断资产是否存在可能发生减值的迹象，对存在迹象的资产进行减值测试，计算可收回金额，金额低于账面价值的，应按可收回金额低于账面价值的金额，计提减值准备。

需注意，因企业并购形成的商誉和使用寿命不确定的无形资产，无论是否存在迹象，每年都应进行减值测试。

⑧公允价值变动收益。

公允价值变动收益指企业以各种资产，如投资性房地产、债务重组、非货币性资产交换、交易性金融资产等公允价值变动形成的应计入当期损益的利得或损失，即公允价值与账面价值之间的差额。

通过支付一定的成本取得一项资产后，后续采用公允价值计量模式时，期末资产账面价值与公允价值间形成的差额，对上市公司的净利润与应交所得税有影响作用，需要根据持有期间与处置期间分别确定。

⑨投资收益。

投资收益指企业对外投资获得的收入（所发生的损失为负数），如企业对外投资获得的股利、债券利息收入及与其他单位联营利润等，包括企业处置交易性金融资产、交易性金融负债实现的损益。

⑩资产处置收益。

资产处置收益反映企业出售持有待售的非流动资产（金融工具、长期股权投资和投资性房地产除外）或处置组时确认的处置利得或损失，及处置未划分为持有待售的固定资产、在建工程、生产性生物资产及无形资产而产生的处置利得或损失。债务重组中因处置非流动资产产生的利得或损失和非货币性资产交换产生的利得或损失也包括在本项目内。该项目应根据在损益类科目新设置的"资产处置损益"科目的发生额分析填列，如为处置损失，以"﹣"号填列。

⑪其他收益。

其他收益，如政府补助等，应根据在损益类科目新设置的"其他收益"科目的发生额分析填列。

⑫营业外收入。

营业外收入是与企业业务经营无直接关系的收入，包括非货币性资产交换利得、出售无形资产收益、债务重组利得、企业合并损益、盘盈利得、教育费附加返还款、罚款收入、捐赠所得等。营业外收入并非由企业经营资金耗费而产生，可视作纯收入，可不与有关费用进行配比。

⑬营业外支出。

营业外支出是与企业业务经营无直接关系的支出，与营业外收入相对应。

企业正常经营情况下，通常不会发生太多营业外支出，一旦发生都有具体原因。例如，该科目余额出现激增，可能是由于人为调节。

⑭持续经营净利润和终止经营净利润。

持续经营净利润和终止经营净利润如为净亏损,以"－"号填列,按《企业会计准则第42号——持有待售的非流动资产、处置组和终止经营》的相关规定分别列报。

⑮其他综合收益的税后净额。

其他综合收益的税后净额反映企业未在损益中确认的各利得和损失扣除所得税后的净额,即所有者权益的利得和损失。

其他综合收益的税后净额包括:可供出售外币非货币性项目的汇兑差额、权益法下被投资单位其他所有者权益变动、金融资产重新分类、套期保值等各情况所形成的利得和损失等。

(2)利润是如何形成的。

利润表是反映企业在一定会计期间的经营成果的财务报表。利润表反映企业的盈利能力,告诉阅读者是如何一步一步实现利润的。利润表和资产负债表一样,可以用一个简单等式来表示,等式如下。

收入－费用＝利润

上述公式很简单,但收入和费用有很多种,计算的方式也有很多种,所以利润也有很多种。接下来,我们通过一个案例来看看企业是如何一步一步实现利润的。

①获取净利润第一步:营业利润。

一家企业要有收入才有盈利的可能。利润表的第一个项目是营业收入,其填列企业卖出产品所获得的营业收入,而卖出产品的成本则是营业成本。营业收入减营业成本就得到企业做这笔生意所获得的毛利,计算公式如下。

营业收入－营业成本＝毛利

举一个例子,来看樵夫公司赚到的第一笔钱。

樵夫公司卖出3把斧头,收到1 500元,1 500元就是营业收入。

在计算收益的时候,还要减去卖出去的3把斧头的成本600元,这600元就是营业成本。

1 500 元减去 600 元得到 900 元。很多人会错误地认为：这 900 元就是毛利。这肯定是错误的。

营业利润＝营业收入－营业成本－三大费用－税金及附加

要想计算营业利润，除了要减去斧头的成本，还要减去各种费用和税金及附加等。樵夫公司每周要交 50 元摊位费，该摊位费暂且算作管理费用；在巷口买了一个广告位，每周要交 40 元，这算是销售费用；每周还要付给银行 10 元的利息，这是财务费用。利润减去这些七七八八的费用（还有投资收益等其他损益），得到的利润叫作主营业务利润。具体如表 3-5 所示。

表3-5　公司利润表——主营业务利润

项目	数值（单位：元）
主营业务收入	1 500
减：主营业务成本	600
减：费用（管理费用、销售费用、财务费用）	100（50＋40＋10）
减：主营业务税金及附加	0
主营业务利润	800

营业成本是根据卖了几把斧头变化的，卖 1 把斧头是 1 把斧头的成本，卖 10 把斧头就是 10 把斧头的成本。而管理费用、销售费用和财务费用与卖了几把斧头没关系。卖 3 把斧头每月要交 100 元，卖 30 把斧头每月也要交 100 元。这样来看，当然是卖得越多越好。这就是规模经济效益。

除了这些费用，还有一个要交的费用，那就是税金及附加。由于樵夫公司开在税费优惠国家，该国没有这一项目费用。但是，在计算毛利的时候，还是要考虑这项费用。

营业收入扣除营业成本，可以得到毛利。那是不是毛利扣除税金及附加以及管理费用、销售费用和财务费用，就可以得到利润了呢？其实不然，实现"真正的利润"还有一段路要走。

所谓投资收益，就是企业对外投资分红收入。投资收益也是在企业营业活动中产生的，所以仍然是营业利润的一部分。

比如，樵夫公司的子公司给樵夫母公司分红100元，这笔钱就是樵夫母公司的投资收益。其实，这个投资收益可以说是樵夫公司在成立子公司而进行的营业活动中产生的，所以还是营业利润的一部分。具体如表3-6所示。

表3-6　公司利润表——投资收益

项目	数值（单位：元）
加：投资收益	100
营业利润	900

②获取净利润第二步：营业外收支。

企业除了营业利润，还有营业外收支。

所谓营业外收支，就是收入和支出与主营业务没有关系。这些收支都是由偶然因素造成的。比如，公司发生的一笔税务罚款（营业外支出）、地震等自然灾害导致的支出（营业外支出）等，都属于营业外收支。

除了日常经营发生收支，樵夫公司还可能遇到一些意外的好事或者坏事。比如遇到善良的大叔捐款250元，这个计入营业外收入；遇到偶然事件，损失50元，这个计入营业外支出。具体如表3-7所示。

表3-7　公司利润表——营业外收支

项目	数值（单位：元）
加：营业外收入	250
减：营业外支出	50
利润总额	1 100

当然，樵夫公司不可能每年都会遇到好心的大叔，也不可能每年都那么倒霉。由此，利润表的好处就体现出来了：它不仅能反映企业今年赚了多少钱，还能在区分可持续项目和不可持续项目的基础上，推断企业未来能赚多少钱。

营业利润加上营业外收入、减去营业外支出就是利润总额。樵夫公司的利润总额如表3-8所示。

表3-8 公司利润表——利润总额

项目	数值（单位：元）
主营业务利润	800
加：投资收益	100
营业利润	900
加：营业外收入	250
减：营业外支出	50
利润总额	1 100

补贴收入同样是一种营业外收入，但是需要在利润表中单独列支。如果有外币业务，还会有汇兑损益。

③获取净利润第三步：企业净利润。

通过前面两步，我们可以算出企业赚了多少钱，计算公式如下。

营业利润±营业外收支＋补贴收入±汇兑损益＝利润总额

利润总额－所得税＝净利润

樵夫公司还要依法缴纳25%的企业所得税。当然，这里的企业所得税不是简单将利润总额乘以所得税税率而得到的，而是按照企业所得税法和企业会计准则的规定，调增调减算出来的应纳税所得额乘以所得税税率而得到的。

这里假设调整项目为0，樵夫公司净利润如表3-9所示。

表3-9 公司利润表——净利润

项目	数值（单位：元）
利润总额	1 100
减：所得税	275（1 100×25%）
净利润	825

以上是利润实现的过程。利润表就像一家企业的成绩单，董事会用这份成绩单来考核企业管理层的能力，投资者用这份成绩单来决定是否要投资这家企业。投资者拿到这份成绩单的时候，最先关注的就是净利润，因为它反映的是企业的整体盈利状况。

3.2.3 现金流量表的解读与分析

资产负债表体现的是企业的家底状况，而利润表详细地体现了利润的变化过程，也就是企业赚钱的情况。既然企业的财务经营活动以及盈利能力都清楚地反映在资产负债表和利润表中了，为什么还有现金流量表呢？

（1）现金才是最重要的。

现金流量表是反映一定时期内（如月度、季度或年度）企业经营活动、投资活动和筹资活动对其现金及现金等价物所产生影响的财务报表。现金流量表是原先财务状况变动表或者资金流动状况表的替代物。它详细描述了由企业的经营活动、投资活动与筹资活动所产生的现金流。

也就是说，现金流量表就是描述企业现金流入与流出的报表。通过对这些数据进行分析，就可以判断一家企业经营能力的优劣。

现金流量表，是除了资产负债表、利润表之外的第三张报表。现金流量表可以帮助企业了解资金的情况。通过现金流量表上所记录的所有现金的流入减去所有现金的流出，就是现金净流量。因为现金流入可以使企业的现金增加，而现金流出可以使企业的现金减少，所以现金净流量就是企业现金的增减变化后的情况。企业的三大财务报表如图3-5所示。

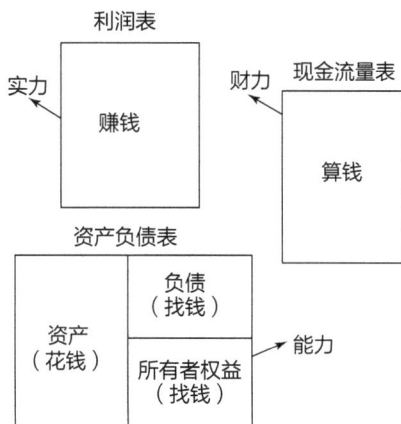

图3-5 企业的三大财务报表

有人会说，通过现金流量表可以知道企业现金的净额，这一点如同看资产负债表就知道一家企业有没有资金。只要对比期初和期末的数据就可以了解企业现金的增减变化情况。

从这一点来看，是不是现金流量表是多余的财务报表呢？其实，现金流量表一直在描述现金的来龙去脉。

（2）什么是现金流量表？

现金流量表是连接资产负债表和利润表的桥梁，所表达的是在一定期间（月度、季度、年度）内，一家企事业单位（机构）的现金流（包含银行存款）增减变动。

现金流量表主要反映资产负债表中各个项目对现金流量的影响，并根据其用途划分为经营、投资及筹资 3 个活动，如表 3-10 所示。

表 3-10　现金流量表　　　　　　　　　　　　单位：元

项目	本期金额	上期金额
一、经营活动产生的现金流量：		
销售商品，提供劳务收到的现金		
收到的税费返还		
收到其他与经营活动有关的现金		
经营活动现金流入小计		
购买商品，接受劳务支付的现金		
支付给职工以及为职工支付的现金		
支付的各项税费		
支付其他与经营活动有关的现金		
经营活动现金流出小计		
经营活动产生的现金流量净额		
二、投资活动产生的现金流量：		
收回投资收到的现金		
取得投资收益收到的现金		
处置固定资产、无形资产和其他长期资产收回的现金净额		
处置子公司及其他营业单位收到的现金净额		
收到其他与投资活动有关的现金		

续表

项目	本期金额	上期金额
投资活动现金流入小计		
购建固定资产、无形资产和其他长期资产支付的现金		
投资支付的现金		
取得子公司及其他营业单位支付的现金净额		
支付其他与投资活动有关的现金		
投资活动现金流出小计		
投资活动产生的现金流量净额		
三、筹资活动产生的现金流量：		
吸收投资收到的现金		
取得借款收到的现金		
收到其他与筹资活动有关的现金		
筹资活动现金流入小计		
偿还债务支付的现金		
分配股利、利润或偿付利息支付的现金		
支付其他与筹资活动有关的现金		
筹资活动现金流出小计		
筹资活动产生的现金流量净额		
四、汇率变动对现金及现金等价物的影响		
五、现金及现金等价物净增加额		
加：期初现金及现金等价物余额		
六、期末现金及现金等价物余额		

要理解现金流量表，我们先来看什么是现金流。

现金流，就是企业现金的流入与流出。企业收到钱，叫作现金的流入；企业向别人付钱，叫作现金的流出。其实，这有点像我们日常生活的流水账。今天，发了工资，出门去买了日用品，这就形成现金的流入和流出。我们可以用 T 型账户将每天的流水账记录下来，即画一个 T 字，左边记录现金流入，右边记录现金流出，如图 3-6 所示。最终形成一张报告期内全部的现金流入流出汇总数，于是一张现金流量表就诞生了。

现金流入	现金流出
工资 20 000 元 手气红包 88 元 交通补贴 200 元	月供 8 000 元 买菜 100 元 礼金 800 元 修车 500 元 孩子补习费 2 000 元
现金流入 20 288 元	现金流出 11 400 元

现金流净额：20 288 − 11 400 = 8 888 元

图 3-6　生活中的流水账

如果我们将生活中的流水账和企业现金的流入和流出做个比对，就不难理解企业的现金流量表了。企业的现金流量也是用这种方法来记录的，即把所有现金相关的票据汇总，然后对现金的流入和流出归类。

（3）现金流流向哪了。

企业产生现金流的相关活动如图 3-7 所示。

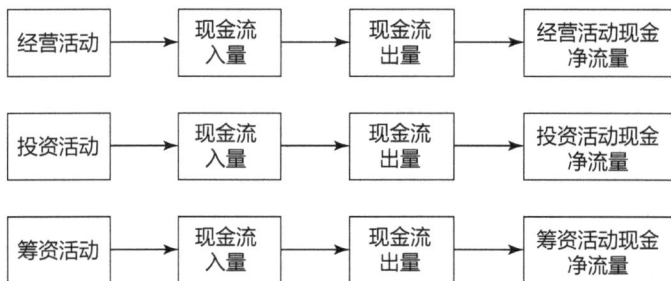

图 3-7　企业产生现金流的相关活动

接下来，我们看企业现金的流向，如表 3-11 所示。

表 3-11　企业现金的流向

现金流	经营活动	投资活动		筹资活动	
—	主营业务	对内投资	对外投资	债权融资	股权融资
流入	销售、税费返还	处置资产	处置收入	融资	融资
流出	人工、采购、支付税费	购建资产	投入	还本付息	分红

第一，经营活动的现金流向。与企业生产经营活动相关的现金流，如销售商品、提供劳务，这样会使企业获得一些现金，这是一项经营活动的现金流入。而企业采购原材料，支付员工工资、福利，缴税等活动会导致现金的流出。

但是，在有些情况下，缴税也会引起企业现金流入。这是怎么回事？

这是因为这家企业得到了一些返还的税费。这就是我们熟悉的增值税出口退税。当顾客购买某商品的时候，其支付的资金，不仅包括商品本身的价格，还包括该商品的经营者替税务局向顾客代收的一笔增值税税款。

这笔资金，就是税务局鼓励纳税人从事或扩大某种经济活动给予的税款返还，通常包括出口退税、再投资退税、复出口退税、溢征退税等多种形式。

第二，投资活动的现金流向。企业的投资有两种：一种是对内投资，也就是把资金投给自己的企业；另一种是对外投资，也就是把资金投给其他公司。对外投资的形式有多种，如购买其他公司的股票和债券，或者成立子公司、合营企业。但是，无论是对内投资还是对外投资，都会有现金流出，这就是投资活动的现金流出。

现金流有流出，自然也会有流入，投资活动也不例外。现金流入的情况包括企业变卖资产、投资收益、来自被投资公司的分红等。

第三，融资活动的现金流向。对于企业来说，融资有两种类型——股权融资和债权融资。这两种形式的融资一定会有现金的流入，并同时伴随现金的流出。比如股权融资，企业要向股东分红；债权融资企业要还本付息。

在融资活动中，还有一些特殊的项目，如融资租赁。从本质上来说，它是一种分期付款的购买行为。也就是说，企业签订了融资租赁合同，就意味着企业需要把未来的租金确认为一笔负债，而支付租金就是偿还负债的现金流出。

3.2.4 所有者权益变动表的解读与分析

经过前面的学习，相信非财务经理已经对资产、负债和所有者权益的关系以及所有者权益的构成有了比较深入的了解。所有者权益的各具体内容在一定期间的变动原因和相对应的金额构成了所有者权益变动表。

有些非财务经理不明白：为什么需要所有者权益变动表。

所有者权益是资产负债表中的主要内容之一，是公司归属于所有者的权益，是公司价值的体现。所以从金额以及意义上来说，所有者权益有着非常重要的地位。

资产负债表已经列示了某个时点所有者权益的期末和期初的金额，但非财务经理只能看到其从某个金额变为了另一个金额，至于变动的具体原因无从得知。

所以，我们需要一张反映所有者权益变动的财务报表。

非财务经理要想成为一个合格的管理者，不但要能看懂公司三大财务报表，更不可忽视第四张表——所有者权益变动表。

那么，什么是所有者权益变动表？

（1）什么是所有者权益变动表。

所有者权益变动表是反映构成所有者权益的各组成部分当期的增减变动情况的报表，应和三大财务报表同时披露，连同财务报表附注共同对外提供关于公司经营状况的整体信息。

表3-12是小王奶茶店的所有者权益变化情况。

表3-12　小王奶茶店的所有者权益变化情况

小王奶茶店　　　　　　　　2019年12月31日　　　　　　　　单位：万元

所有者权益	本期	上期
股本（实收资本）	30	20
资本公积	30	
盈余公积	12	6
未分配利润	10	5
所有者权益总额	82	51

从表3-12可以得知，12月31日所有者权益总额比去年同期增加了31万元，那么这31万元从何而来？

（2）所有者权益从哪里来。

要想知道公司所有者权益变动的具体原因，只用不同时期的资产负债表来对比是没有成效的，所以要用到所有者权益变动表，以获悉相关变动的详细数据。

①为什么所有者权益如此重要。

一般来讲，公司的所有者权益不如其他几个会计要素变动得频繁，如资产、负债、收入、费用等会计要素。一旦变动，则关系到公司资本和利润等方面的变化，从而关系到公司的价值变化以及未来的存续基础。

我们知道，所有者权益代表公司全部资产中归属于投资者的份额，代表公司的价值。投资者应该关注所有者权益的变化，也应该重视反映所有者权益各组成部分增减变动明细的所有者权益变动表。

通过所有者权益变动表，报表使用者不但可以获悉所有者权益总额增减变动的整体信息，还可以详细了解所有者权益各组成部分增减变动的详细信息，并通过这些信息了解公司所有者权益变动的根源。

②影响增减变动的来源。

既然所有者权益变动表是反映构成所有者权益的各组成部分增减变动情况的报表，其组成要素就是各组成部分增减变动的具体来源和金额。影响增减变动的来源有哪些呢？

所有者权益具体包括实收资本（股本）、资本公积、盈余公积和未分配利润4项。而在这几个项目之间发生的事项则属于"所有者权益"内部结转的内容，如用资本公积、盈余公积转增资本，用盈余公积弥补亏损等。

概括地说，引起所有者权益增减变动的来源主要分为年初余额变动与本年增减变动两大类别。一般来说，本年年初余额应该与上年年末余额相等，但由于以下因素，也有可能会产生差异。

第一，会计政策的变更。由于公司所采用的会计政策发生变化，导致核算办法不同，而引起的所有者权益本年年初余额发生变化。比如，公司以前采用企业会计制度，后来按要求统一实行企业会计准则规定的核算办法，那么这种所有者权益的不同就是会计政策变更引起的。

第二，前期差错更正。由于前期各种原因发生的错误，在本期才发现而进行更正的数额。因为是前期发生的错误，没有办法变更以前的报表，所以要更改下一年的年初数，视同从错误发生当期已经更正，也就是说，下一年的年初数已经是正确的数额。

比如，2018 年收到投资者投入的一台设备，当时计价为 100 万元，到 2019 年 2 月发现，因为提供的资料不完备导致设备在 2018 年的入账价值不准确，实际价值应为 120 万元。那么就应该在 2019 年的所有者权益变动表"前期差错更正"项目相对应的"本年金额"列下的"实收资本"栏记录该投入设备所错记的金额为 20 万元。

（3）所有者权益变动表与其他报表的勾稽关系。

本年所有者权益的增减变动主要是列述本年所有者权益是因什么因素而发生的增减变动，是什么原因使当初投入的初始资金变多了，又是因什么因素减少了，最终变成了多少，这些是投资者较为关心的部分。

①投资者投入和减少资本。

投资者投入资本会增加公司的所有者权益，而投资者撤资，则会减少公司的所有者权益。

②净利润。

当期实现的净利润是形成当期所有者权益的主要内容。净利润是正数时，金额越高，所有者权益也就越高，公司的价值自然会增长；而净利润为负数时，公司的所有者权益随之减少。

③利润分配。

公司赚取的利润总是要花的，那么给谁花，花多少，就是利润分配要解决的问题，即将公司利润按照规定和顺序进行分配。

提取盈余公积，即从公司利润中留一部分作为储备，待公司日后使用。该事项不会使公司所有者权益总额发生变化，但属于利润分配的一部分，所有者权益的明细项目之间会发生变化，即净利润减少，盈余公积增多。

向股东分配未分配利润。如果支付的是现金股利，则所有者权益总额会减少；如果支付的是股票形式的股利，则所有者权益总额的内部结构会发生变化。

所有者权益变动表列示了所有者权益增减变动的具体来源、项目和金额，使所有者权益总额以及各组成部分的变动原因一目了然，清晰有序，便于财务报表使用者获取关于公司所有者权益的相关信息。

案例　A公司，杜邦财务分析法的应用

杜邦分析法是利用几种主要的财务比率之间的关系来综合地分析企业的财务状况的方法。具体来说，它是一种用来评价企业盈利能力和股东权益回报水平，从财务角度评价企业绩效的经典方法。其基本思路是将企业净资产收益率逐级分解为多项财务比率乘积，这样有助于深入分析和比较企业经营业绩。由于这种分析方法最早由美国杜邦公司使用，故名杜邦分析法。

以A公司为例，其2019—2020年的基本财务数据汇总情况和相关财务比率汇总情况分别如表3-13和表3-14所示。

表3-13　A公司2019—2020年基本财务数据汇总情况　　　　单位：万元

项目	2019年	2020年	项目	2019年	2020年
净利润	6 377	48 420	管理费用	10 870	15 000
营业收入	670 000	906 000	财务费用	-2 080	-4 330
资产总额	429 600	526 800	全部成本费用	652 550	840 840
负债总额	260 895	309 869	净资产总额	168 705	216 931
销售费用	62 300	81 970	现金有价证券	269 631	378 950

表3-14　A公司2019—2020年相关财务比率汇总情况

项目	2019年	2020年
净资产收益率（%）	3.78	22.32
权益乘数	2.55	2.43
资产负债率（%）	60.73	58.82
总资产收益率（%）	1.48	9.19
营业净利率（%）	0.95	5.34
总资产周转率（次）	1.56	1.72

财务比率计算公式如下。

$$净资产收益率 = 权益乘数 × 总资产收益率 × 100\%$$

$$总资产收益率 = 营业净利率 \times 总资产周转率 \times 100\%$$

$$权益乘数 = \frac{资产总额}{所有者权益总额}$$

$$营业（销售）净利率 = \frac{净利润}{营业（销售）收入} \times 100\%$$

$$资产负债率 = \frac{负债总额}{资产总额} \times 100\%$$

$$总资产周转率 = \frac{营业收入}{资产总额}$$

A 公司 2019 年与 2020 年财务比率杜邦分析图如图 3-8 所示。

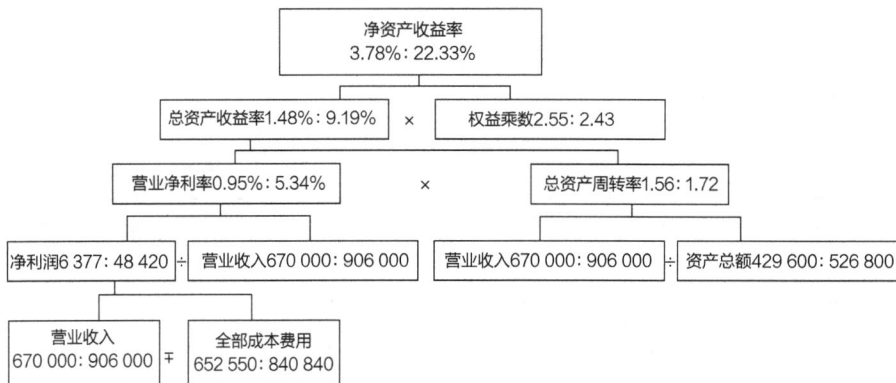

图 3-8　A 公司 2019 年与 2020 年财务比率杜邦分析图（2019 年数据：2020 年数据）

（1）对净资产收益率的分析。

A 公司净资产收益率从 2019 年的 3.78% 提高到 2020 年的 22.33%，出现了很大程度的好转。公司的投资者在很大程度上要依据这个指标来判断是否继续投资或转让股份，公司所有者用这个指标来考查经营者的业绩和制定股利分配政策。公司管理者可以依据这个指标对一些重大事项做出决策。净资产收益率计算公式如下。

$$净资产收益率 = 权益乘数 \times 总资产收益率 \times 100\%$$

2019 年净资产收益率 $= 2.55 \times 1.48\% \times 100\% = 3.78\%$

2020 年净资产收益率 $= 2.43 \times 9.19\% \times 100\% = 22.33\%$

通过分解可以很明显地看到，A公司的净资产收益率变动是资本结构（权益乘数）与资产利用效果（总资产收益率）的变动共同作用的结果，其中，资产利用率发挥的作用较大，因为资本结构的变动不是很大。据此，结论是A公司2020年净资产收益率的提高主要依赖于总资产收益率的提高，说明A公司提高了对资产的利用效果。

（2）对总资产收益率的分析。

总资产收益率计算公式如下。

$$总资产收益率 = 营业净利率 \times 总资产周转率 \times 100\%$$

$$2019年总资产收益率 = 0.95\% \times 1.56 \times 100\% = 1.48\%$$

$$2020年总资产收益率 = 5.34\% \times 1.72 \times 100\% = 9.19\%$$

通过对总资产收益率的分解可知，A公司2020年较2019年的营业净利率有显著提高，总资产周转率略有上升，说明资产的利用率得到了比较好的控制，同时在主营业务上得到了显著的改善效果。

营业净利率的提高与总资产周转率的提高共同促进出了总资产收益率的增加。

（3）对营业净利率的分析。

营业净利率计算公式如下。

$$营业净利率 = 净利润 \div 营业收入 \times 100\%$$

$$2019年营业净利率 = 6\,377 \div 670\,000 \times 100\% = 0.95\%$$

$$2020年营业净利率 = 48\,420 \div 906\,000 \times 100\% = 5.34\%$$

A公司2020年的营业收入提高的幅度为35.22%，净利润提高的幅度为659.29%，这个幅度是相当大的，分析原因可知成本增长的幅度要远小于收入增长的幅度，因此促成了营业净利率的大幅度提高。

（4）对全部成本费用的分析。

全部成本费用的计算公式如下。

全部成本费用 = 主营业务成本 + 税金及附加 + 销售费用 + 管理费用 + 财务费用

2019 年全部成本费用为 652 550 万元，其中主营业务成本占 88.61%。

2020 年全部成本费用为 840 840 万元，其中主营业务成本占 88.60%。

A 公司营业净利率虽然在 2020 年有显著提高，但还有提高的空间，主要是成本费用金额过大，尤其是主营业务成本。因此，A 公司应当改进技术以降低主营业务成本。

（5）对权益乘数的分析。

权益乘数的计算公式如下。

$$权益乘数 = \frac{1}{1 - 资产负债率}$$

$$2019 年权益乘数 = \frac{1}{1 - 60.73\%} = 2.55$$

$$2020 年权益乘数 = \frac{1}{1 - 58.82\%} = 2.43$$

从权益乘数的分解中可以看出，A 公司的资本结构发生了变化，2020 年的权益乘数较 2019 年略有降低。权益乘数越大，说明企业负债越高，偿债能力越差，财务风险程度越高。

这个指标同时也反映了财务杠杆对利润水平的影响。A 公司的权益乘数近 2 年处于 2 ~ 3，即资产负债率在 60% 左右，属于基金战略型公司。在这种情况下，公司的管理者应该准确把握公司所处的环境，准确预测利润，有效控制由负债给公司带来的风险。

案例　S 继电器，从毛利率找拐点

毛利率是衡量一家企业是否有持续竞争优势的重要参考指标。换句话说，它就是衡量企业是否长期保持优秀水平的关键指标。

什么是毛利率呢？

毛利率就是毛利与销售收入（或营业收入）的百分比。计算公式如下。

毛利率 = 毛利 ÷ 营业收入 × 100% = （主营业务收入 - 主营业务成本）÷ 主营业务收入 × 100%

显然，从公式可以得知，毛利率高，说明这门生意很不错；毛利率低，说

明这门生意并不好。

除了这个计算公式，判断毛利率还有一个非常重要的方法，即至少要看5年的数据，从数字中看到趋势，而不能只看1年。为什么要看5年呢？

既然是长期盈利，一定要看一段时间，一般是5年。因为对于一个企业来说通常5年是一个循环。分析一家企业连续5年的利润表，才能看到机会和问题。对具体的毛利率变化情况的分析及对应的案例如表3-15所示。

表3-15　毛利率变化情况的分析及对应的案例

毛利率变化情况	长期盈利能力分析	案例分析
5年内毛利率稳定下跌	客户会一直要求降价，毛利就会稳定下跌	我们购买笔记本电脑、手机等电子产品，价格会越来越低，毛利被市场压缩。所以，毛利率下跌属于正常商业状况
5年内毛利率缓步上升	企业持续在做产品的研发与升级	企业新产品会创造新的市场或带动新的需求，每推出新产品，就会带动毛利率往上升，这也是合理的
5年内毛利率从原来的6%，突然连续2年增加到50%	是接到大客户的订单吗？不可能！因为大客户订单量大一定要求你降价，大客户不可能让你赚到这么高的毛利。多半是因为企业转型	原本是卖数码产品，近几年改卖生物技术产品。只有转型，才有可能产生超过原本行业的高毛利
5年内毛利率从原来的50%，突然连续2年降低到10%	企业内部产品研发出了问题，重要团队变动，或者原本行业的竞争格局变化，市场被打破	出租车行业出现了滴滴打车；出现了苹果手机，诺基亚的利润直线下降；导航硬件的Garmin、Tom Tom起初具备高毛利，但在原本不相关的Google开放了免费导航服务后，这些企业的毛利就出现急速下滑

利润表是一家企业经营的成绩单，经营水平就像是人体的健康，不太可能一朝一夕就由好转不好，或由不好转好，除非发生重大状况。

所以，投资者最关心的指标是长期盈利能力。要连续看5年，这样才能推测出企业的真实状况。

理解"5"这个概念后，我们如何从5年的毛利率找到长期盈利的拐点。在此，以S继电器公司为例。

该公司近5年来总体毛利率保持了稳步上涨，特别是2019年的毛利率涨幅较大，达到42.79%，如图3-9所示。这意味着什么呢？

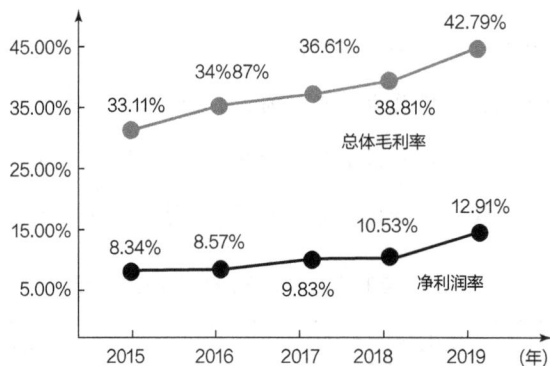

图3-9　S继电器公司5年来总体毛利率和净利润率变动情况

　　其实，这个问题在表3-15中便给出了答案：5年内毛利率缓步上升，表示公司持续在做产品的研发与升级，公司新产品会创造新的市场或带动新的需求，每推出新产品，就会带动毛利率往上升，这也是合理的。

　　这种较大的涨幅往往意味着公司的销售结构或者面临的市场供需状况出现了较大的改变。由于新能源汽车市场扩大，在近5年内S继电器公司布局的汽车继电器业务也有很强劲的发展势头。

　　其实，该公司早在2015年就开始布局汽车继电器业务（这部分业务的毛利率很高，高达50%~60%，远超其他业务）。虽然受新能源汽市影响，该业务每年依然保持走强的态势，将来该业务可能成为该公司的第一大业务。

　　由此不难看出，毛利率开始攀升时，往往意味着拐点的来临。是否只有毛利率较高（30%以上）且逐步攀升的公司才有机会找到长期盈利的拐点？其实并不尽然，毛利率持续下滑的公司也有机会，如下面介绍的C公司。

　　C公司的毛利率和净利润率近5年来处于持续下滑的状态，如图3-10所示。低毛利，总体毛利率和净利润率逐年降低是否代表公司的产品竞争力在持续下滑？

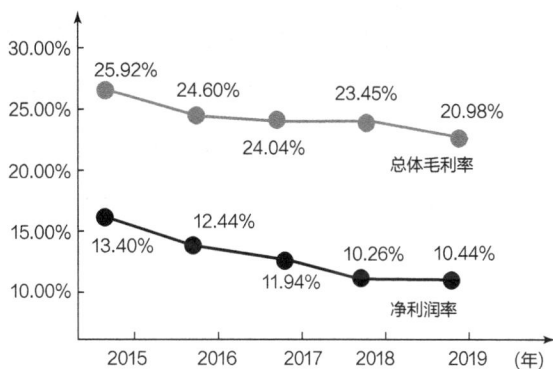

图3-10　C公司近5年总体毛利率和净利润率变动情况

事实并非如此，C公司近年来生产的产品非常有竞争力。出现毛利率和净利润率双双下滑的情况，与该公司近年来有效业务拓展有很大关系。该公司生产的汽车车灯按照用途来分，分为前照灯、后组合灯、雾灯、制动灯以及转向灯等，其单价和毛利率依次降低。

一般来说，一个整车厂商会选定5家左右的车灯供应商，其中1~2家为其核心供应商。由于车的前照灯对车辆行车安全具有重要作用，所以当一家新公司进入整车厂商的供应链时，整车厂商会以毛利率较低的小灯项目作为合作的开端，这个过程至少会持续2年，而从后组合灯项目到高毛利的前照灯项目又需要1~2年，也就是说，从获得小灯项目到获得前照灯项目的周期平均需要2~4年。

由于新拓展的厂商都需要从毛利率较低的小灯项目开始，导致公司毛利率和净利润率持续下滑，所以净利润增速未能跟上营业收入的脚步。

当发现了上述逻辑后，我们不难判断，C公司未来随着时间的推移逐渐进入毛利率较高的大灯业务，而这会促使毛利率增长。一旦该现象出现，即很可能意味着公司开始进入收获的季节——在提高公司营业收入的同时，毛利率和净利润率也开始逐步进入增长期，从而带动净利润持续且高速的增长。

从这个案例中我们可以发现，低毛利、高净利润率的公司，一旦迎来毛利率反转，将有机会步入业绩快车道。

案例　如何区分资产负债表和利润表项目

在刚刚设立的第一年里，某公司一共发生了13项经济活动。这13项经济活动包括筹资活动、投资活动和经营活动，涉及债权融资、股权融资、采购、生产、研发、管理等各个方面。某公司2019年12月31日资产负债表（简表）如表3-16所示。

表3-16　某公司资产负债表（简表）

某公司　　　　　　　　　　　2019年12月31日　　　　　　　　　单位：万元

资产		负债	
流动资产		流动负债	
货币资金	6 000	短期借款	8 000
应收账款	1 000	应付账款	1 000
预付账款	500	应付职工薪酬	600
存货	1 000（5 000 - 4 000）		
流动资产总额	8 500	流动负债总额	9 000
非流动资产		非流动负债	
固定资产	6 000	长期借款	0
无形资产	200	应付债券	0
长期投资	0	非流动负债总额	0
流动资产总额	6 200	所有者权益	
		股本	5 000
		资本公积	0
		盈余公积	0
		未分配利润	700（900 - 200）
总资产	14 700	负债和所有者权益	14 700

这13项经济活动实际上是公司正常经营情况的缩影，代表了一个公司在正常经营过程中发生的各种各样的经济行为。

下面，我们通过分析公司经济活动对资产负债表和利润表具体项目的影响，来区分利润表和资产负债表的项目。

附：假设该新成立公司进行的13项经济活动如下。

1. 2019年年初设立公司，股东投资5 000万元现金。

2. 向银行借款8 000万元，作为营运资金，借款期限为半年。

3. 建造办公楼、厂房，购买生产设备、办公家具、车辆，共花费6 000万元，以银行存款支付。

4. 获取一块土地的使用权，支付金额 200 万元。

5. 采购原材料花费 3 000 万元，到 2019 年 12 月 31 日止，共支付 2 000 万元现金，剩余部分将在 2020 年支付。

6. 生产出一批产品，产品成本为 5 000 万元。其中，使用的原材料价值为 3 000 万元；发生了人工费和其他支出 2 000 万元，以现金支付。

7. 销售产品收入 6 000 万元，生产成本为 4 000 万元。到 2019 年 12 月 31 日为止，收到 5 000 万元现金，其余部分将在下一年度收到。

8. 为下一年采购原材料预付 500 万元。

9. 研发部门当期花费 100 万元成功地研制出用低成本进行污染处理的技术。

10. 支付管理人员工资和行政开支共 300 万元，支付销售人员工资和外地销售分公司开支共 300 万元。

11. 支付银行利息 200 万元。

12. 支付所得税 300 万元。

13. 分配现金股利 200 万元。

公司开张：资金到位、采购资产。

第一项经济活动，公司设立，股东投入 5 000 万元。在资产负债表上，以股本 5 000 万元、货币资金 5 000 万元列支。那么在资产负债表上，即使只记录了一笔经济活动，依然满足会计恒等式：资产 = 负债 + 所有者权益。

第二项经济活动，向银行借款 8 000 万元。由于借款时间低于一年，在资产负债表上填列短期借款项目。那么同时增加货币资金 8 000 万元，短期借款 8 000 万元。第二项经济活动结束，资产负债表项目中，货币资金为 13 000（5 000 + 8 000）万元，短期借款为 8 000 万元，股本为 5 000 万元。同样满足会计恒等式：资产 = 负债 + 所有者权益。

第三项经济活动，支付 6 000 万元购买厂房、设备等。于是 6 000 万元货币资金变成固定资产，可以看到公司资产总额没变，资产结构发生变化。货币资金减少 6 000 万元，固定资产增加 6 000 万元。

第四项经济活动，花费 200 万元换取土地使用权。于是 200 万元货币资金变成无形资产。货币资金减少 200 万元，无形资产增加 200 万元。

生产成本：原材料、人工、水电。

第五项经济活动，采购原材料。一共采购了 3 000 万元的原材料，只支付了 2 000 万元，那么这项活动如何影响资产负债表呢？

增加 3 000 万元的原材料，就是增加 3 000 万元的存货，同时这家公司支付 2 000 万元给供应商，货币资金减少 2 000 万元，并且欠供应商 1 000 万元的应付账款，这是一笔负债。很显然，在第五项经济活动结束之后，存货增加 3 000 万元，货币资金减少 2 000 万元，负债增加 1 000 万元。仍然满足会计恒等式：资产 = 负债 + 所有者权益。

第六项经济活动，用 3 000 万元的原材料生产产品，并支付员工工资 2 000 万元现金。在这项经济活动中，原材料存货减少 3 000 万元，货币资金减少 2 000 万元，产品存货增加 5 000 万元。

有一点需要特别注意，生产产品的过程要付出生产成本，生产成本包括原材料、人工费、水电费、固定资产折旧、无形资产摊销等。既然生产成本也是成本，为什么不记入利润表项目，而是记入资产负债表呢？

既然记入资产负债表的成本是生产成本，那么利润表上的成本又是什么成本呢？利润表上的成本是营业成本——将产品卖出，取得收入。也就是说，体现在资产负债表上的产品存货，变成利润表上的营业成本。

这就是生产成本一步步从资产负债表到利润表的过程：首先记入资产负债表的存货项目，随后产品被卖掉，生产成本便反映在利润表上的营业成本中。

销售活动：对财报的影响。

第七项经济活动是卖出产品。销售总收入是 6 000 万元，也就是营业收入为 6 000 万元，而不是收到的 5 000 元。

在资产负债表上，货币资金增加 5 000 万元，剩余 1 000 万元属于应收账款。同时，这家公司发出了销售的货物，由于已卖出产品成本为 4 000 万元，因此资产负债表上减少的存货也是 4 000 万元。与此同时，这 4 000 万元结转为利润表上的营业成本4 000万元。

那么，第七项经济活动后，对资产负债表各项目都有哪些具体影响？

货币资金增加了5 000万元，存货减少了4 000万元，应收账款增加了1 000万元。这3个项目都对公司资产产生了影响，很显然，这家公司资产增加了2 000万元。

计算过程：5 000 + 1 000 – 4 000 = 2 000（万元）。

在这种情况下，公司资产增加2 000万元，负债没有变化，那么所有者权益增加2 000万元。也就是说，未分配利润增加2 000万元，这样才能保证会计恒等式的平衡。

第八项经济活动是预付款业务。预付500万元货币资金，得到了向供应商收货的权利。这是一项简单的交易，资产总额不变，只是从货币资金变成预付账款。

研发费用：对财报的影响。

第九项经济活动是投入研发费用。这100万元的研发支出被记录在管理费用中，也就是说，资产负债表上的100万元的货币资金，变成利润表上的100万元管理费用。

财报诞生：销售开支、付息、缴税、分红。

第十项经济活动，公司共支出600万元向销售人员和管理人员等支付工资，货币资金减少600万元，管理费用增加600万元。这里要与生产部门管理人员的工资进行区分，生产部门管理人员的工资计入生产成本。

第十一项经济活动，支付200万元利息。该利息计入财务费用，同时货币资金减少200万元。

第十二项业务是上缴所得税300万元，体现在利润表上，也是一项费用——所得税费用。

第十三项业务是分配现金股利200万元，体现在资产负债表上，是所有者权益的变动。

公司扣除营业成本、管理费用、销售费用、财务费用、所得税费用后，净利润为900万元。

我们来看900万元的计算过程。公司营业收入为6 000万元，生产成本为4 000万元，则毛利为2 000万元。接下来扣除300万元的销售费用、300万元的管理费用、200万元的财务费用，得出公司利润总额为1 200万元，再扣除300万元的所得税费用，净利润为900万元。该公司利润表（简表）如表3-17所示。

表3-17　利润表（简表）　　　　　　　　单位：万元

	项目	本期发生额
收入	一、营业总收入	6 000
	其中：销售收入	6 000
支出	二、营业总成本	4 800
	其中：营业成本 销售费用 管理费用 财务费用	4 000 300 300 200
利润	三、营业利润	1 200
	四、利润总额	1 200
	减：所得税费用	300
	五、净利润	900

这样，通过分析该公司的13项基本业务，我们推导出了财务报表的数据，并完成了财务报表的填写。

3.3　财务的核心项目与管理困惑和加强财务管理的措施

财务管理是企业管理的重要组成部分，是根据财务管理制度、企业会计准则、企业制度等组织企业财务活动、处理财务关系的一项经济管理工作。财务管理与企业战略管理、风险管理、内部控制等息息相关，对于非财务经理而言，提高财务管理水平有利于企业管理能力的提升，形成可持续的竞争优势，增加企业价值，保持企业长期盈利能力，最终实现企业总体战略。

3.3.1　财务核心项目包括的内容

财务核心项目包括以下内容：财务如何参与项目可行性研究报告中经济效益的分析和评价；财务如何参与产品销售定价或提供劳务的定价；财务如何参与采购材料、设备和接受劳务的定价；财务如何监督运营资金的有效使用；财务如何控制企业经营各环节的财税风险；财务如何实施企业全面预算；财务如何实施企业内部控制中的会计控制；财务如何配合企业内部审计；财务如何参与签订经济合同；财务如何做到业务发展与财务管理融合。

3.3.2　进行企业财务管理时存在的困惑

非财务经理对企业财务管理存在以下困惑。

（1）财务管理意识薄弱。

财务管理各环节自主意识不强，这些导致企业内部控制的作用不能得到很好地发挥。在信息收集，分析评估，传递机制建设、运行等方面存在很多障碍。

（2）财务管理组织结构不完善。

组织结构的完善程度直接影响内部控制的效果。但是很多企业在科学管理和分工上还存在较大问题，没有科学、合理地做到权责分明、多级控制，实施落地的触手不够健全。

（3）财务管理信息化程度不高。

财务管理手段过时，缺乏运用计算机系统进行全面、系统地分析的思维，这就容易产生主观性、片面性、倾向性。另外，对于风险管理，缺乏事前、事中、事后的全面跟踪以及不连续地观测，不仅不利于问题的及时发现和处理，同时也不利于对产生原因的分析，更不利于组织的长远发展。

（4）财务管理与内部控制脱节。

财务管理是企业运营的关键环节，而内部控制是财务管理的关键环节。所以，企业运营应遵循财务管理与内部控制相结合的原则。但是，有些企业在采取内部控制措施时，往往缺乏全局性。

财务管理战略目标与评估方法的选择与企业财务管理过程中的相关活动脱节。另外，对于风险的偏好及相关分析和对策的选择，与实施的内部控制措施不相适应。

3.3.3 加强企业财务管理的措施

非财务经理在加强企业财务管理时，可以采取以下措施。

（1）加强对财务管理的重视程度。

非财务经理要深刻认识到财务管理的重要性和必要性，带领企业增强财务管理的认知，根据不同时间及进度明确不同的工作、成果和时限，并且能够做到定期向上级汇报，能够带领企业搭建体系，组建组织机构，明确工作职责，制定适合本企业业务特点的实施方案。此外，还应建立企业经济安全管理责任体系、风险评估体系、监督评价体系，完成考核、激励与责任追究体系。

（2）落实财务管理体系的改进工作。

为确保财务管理的效率和效果，须在企业内部开展监督和检查工作，并将监督检查结果落实到绩效考核。要结合企业实际，分析企业涉及的流程和各项管理制度存在的不足，提出优化方案，并进行穿行和符合性测试，积极构建并完善经济风险指标体系、风险评估体系、管理责任体系、监督评价体系和考核与责任追究体系等相关体系，为提高企业财务管理水平打下坚实的基础。

（3）提高财务管理的信息化水平。

随着财务管理的不断发展，企业对信息化水平的要求也越来越高。通过信息化网络技术的应用，上级可以随时随地了解企业的运营状况，监控企业业务的动向，对企业的各项工作进行有效的管理和控制。非财务经理应通过引进先进的管理软件和系统程序，加强内部之间的交流和沟通，深化企业内部管理。

（4）搭建企业财务管理框架体系。

非财务经理应加强企业财务管理安全体系构建，可通过制定系列手册，对财务管理的全面评估控制措施的设计与运行进行规范，从而确保经济安全体系建设的有效性。此外，应进一步明确自我评估和独立评估的原则和内容、评估标准、程序和方法、报告形式和报告频率、改进管理实施方案等相关内容，确保评价工作能落到实处。

同时，对经营过程中的、日常的企业控制风险涉及的授权、职责划分、绩效考核、激励与责任追究设计，形成系统的、规范的制度文件，平衡财务管理与效益，特别是对有益风险的转化与利用。

3.4　经营风险与内部控制

内部控制是现代公司治理的重要制度，也是防止和发现舞弊的重要措施。完善的内部控制制度包括规范的内部环境、严谨的风险评估、有效的控制活动、良好的信息与沟通以及内部监督。良好的内部控制制度有利于保障企业资产完整不受侵害、帮助企业实现经营目标。

3.4.1　内部控制的重要作用

某煤矿公司煤矿属高瓦斯矿井，开采深度大、受矿压大、地温高，地质条件复杂。2008年年初发生一起安全事故。公司某矿井安全检查员发现一段工作面有塌方隐患，曾就此问题向其所在部门的领导反映，但由于当时公司领导忙于处理雪灾问题，并未给予答复。后矿井发生小规模塌方，所幸并无人员伤亡。为加强安全管理，公司临时停产，进行了煤矿综采工作全面搬迁和巷修工作。你认为该公司内部控制存在哪些问题？

该公司至少存在以下两方面的问题。

首先，缺乏必要的风险评估。公司对安全问题带来的风险重视不够，未能及时对其采取措施，在塌方发生后进行修复的成本更高，使公司遭受损失。

其次，公司在信息与沟通方面存在不足。有效的沟通应当在公司内部以全方位的方式进行，包括管理者与普通员工的沟通，也包括公司与外部各方的有效沟通。该公司员工在发现问题后向其所在部门的领导反映，但并未得到任何答复，这说明内部沟通出现了问题。

煤炭生产公司是存在重大安全隐患的公司，安全是确保公司正常运营及盈利的前提条件。本例中的安全事故虽然未造成严重后果，但显示了公司内部控制存在的问题。

公司治理是财务管理的核心。公司如果要做大做强，并获得资本市场融资资格，必须建立完善的公司治理结构。公司治理的作用在于通过合理的组织架构使公司的决策、经营、控制达到最优，减少武断、舞弊、错误等行为给公司带来的损失。其中，内部控制是公司治理的重要组成内容之一。

内部控制源于内部牵制。内部牵制制度的建立基于两个假设：两个或两个以上的人或部门，无意识犯同样错误的可能性很小；两个或两个以上的人或部门，有意识地合伙舞弊的可能性大大低于一个人或部门舞弊的可能性。

内部牵制制度的主要特点是，任何个人或部门不能单独控制任何一项或一部分业务，需要进行组织上的责任分工，通过与其他个人或部门的参与来执行业务并实现交叉检查控制。这个制度在当前公司管理中仍广泛使用，如会计、出纳的岗位分离，"管钱不管账，管账不管钱"的基本思想。

随着管理理论及相关理论和实践的发展，公司内部控制理论也得到了极大推进。内部控制的基本功能就是防范舞弊行为，保护公司的资产完整不受侵害。内部控制如何防范舞弊？这需要从舞弊行为的主要特征谈起。

江苏省某集团公司对下属 A 公司进行全面审计。在对下属 A 公司进行审计时，审计人员向出纳兼会计的陈某催要当月的银行对账单，这时正好有人到陈某处报销费用。审计人员发现陈某抽屉里放着许多发票，审计人员认为陈某不将发票及时入账严重违反了公司的会计制度，而且陈某始终未向审计人员提供银行对账单。同时，财务科长也含糊其辞。审计人员的疑虑越来越深。

随着审计人员取证、函证及进一步调查，他们发现A公司在银行的账户上仅剩下16余万元。账上短款高达100多万元。在不到两年时间里，陈某采取擅自开现金支票提取公司银行存款，不入账、少入账以及制作假对账单等方法，挪用公款263余万元，直至审计人员查出时，尚有127余万元未归还。

公司财务人员舞弊通常会给公司带来重大的资金损失，也是企业要防范的舞弊行为之一。内部控制的一个重要作用就是防止和发现舞弊。防范舞弊首先需要了解舞弊产生的原因。

3.4.2　员工舞弊与内部控制

美国学者对舞弊行为进行了分析，归纳出舞弊普遍存在以下三方面特征。

首先，压力或动机。压力或动机是舞弊者的根本性行为动机。舞弊的压力大体上可分为两类：一是经济压力，二是工作压力。前者或来自舞弊者个人需求或家庭需求，如改善个人生活或追求奢侈的生活方式等；后者主要来自企业内部，如在业绩考核与薪酬挂钩的情况下，工作压力会进一步增加。因为有压力，就会产生舞弊的动机。

其次，机会。机会是指实施舞弊且不被发现或能逃避惩罚的可能性。如果舞弊者知道舞弊一定会被发现且会受到严厉惩罚，就绝不会进行舞弊。由于企业内部管理不可避免地存在漏洞，监管部门通常不可能对所有经济业务的发生过程进行全面监督，事后审计通常也局限于抽样审计，因此发现舞弊成为小概率事件，且对舞弊的惩戒与处罚力度有限，这使舞弊成为可能。

通常情况下，如果企业缺乏防范舞弊行为的内部控制制度，缺乏相关惩罚措施，内部审计和监管制度不健全等都会为舞弊提供可乘之机。

最后，合理化。舞弊者在面临压力、获得机会后，要实施舞弊还要有一个合理化借口，即舞弊者需要找到某个理由，使舞弊行为与其道德观念、行为准则相吻合，以寻求心理上的平衡。比如，我只是暂时借用这笔资金，以后有钱了再归还；大家都这样，我这样也很正常；等等。

当压力、机会和合理化这三个重要因素结合在一起时，舞弊就很有可能发生。在舞弊行为中，三个因素缺一不可并且相互关联。

了解了舞弊者的行为动机，我们就能知道内部控制的重要性，其根本作用在于减少舞弊发生的机会，尽可能堵住管理漏洞。

3.4.3　识别内部控制的 5 要素

如何建立一个完整的内部控制整体框架，对非财务经理加强企业管理具有重要意义。

企业建立内部控制制度的目的在于，提高企业经营管理水平，并加强企业的风险防范能力，促进企业可持续发展。一个有效和健全的内部控制制度至少包含五个要素。

第一，规范的内部环境。内部环境是企业实施内部控制的基础。评价内部环境是否规范从以下几个方面入手：企业治理结构是否完善、机构设置及权责分配是否合理、是否拥有健康的企业文化，以及是否拥有完善的内部审计机制、人力资源政策等。

内部环境是其他内部控制要素的根本，其中管理效率是一个重要的衡量指标。在上述煤矿公司的案例中，该公司在生产经营的过程中出现了矿井安全隐患问题，但未得到领导重视，说明该公司某些员工，特别是管理层的人员亦在一定程度上缺乏安全意识；领导未能及时给予任何答复，也反映出该公司管理效率低下。

内部环境的质量取决于管理层的理念和经营风格。通常情况下，如果企业主要管理人员武断专行、刚愎自用，都会导致企业治理结构形同虚设，对内部控制环境造成破坏。

许多从零起步、快速扩张、最终破产的企业，都具有一个相似的特征，即企业创始人刚愎自用，而且企业管理权限过度集中于创始人或 CEO 手中。这种控制权的过度集中导致企业治理结构中的监督、制衡功能难以发挥，然而这个问题通常在企业达到破产等不可挽回的地步后才被发现。企业治理结构在企业正常发展扩张中具有不可或缺的监督作用，同时也是对高管人员行为的必要制衡。内部环境是企业必须着力打造的。

企业应当结合业务特点设置内部机构，如内部审计部门等，明确职责权限，将权力与责任落实到各责任部门。在达到一定规模后，企业还应当在董事会下设立审计委员会，负责审查企业内部控制，监督内部控制是否得到有效实施，并对企业内部控制进行自我评价。

第二，严谨的风险评估。风险评估就是企业采取一定的程序和方法，及时识别经营活动中的风险，并对风险进行系统分析，合理确定风险应对策略。上述煤矿公司就是缺乏必要的风险分析程序，导致潜在风险未能被及时发现和防范。

某集团是一家从事海洋运输的公司，在全球 90 多个国家和地区设立有海外公司。该集团的财务体制是：控股公司掌控下属公司的全部财务和资金结算，海外分公司通常采取独立核算制度，分公司只需要在年底报年账，不需要报明细账，有些公司甚至连现金流都不用向总部汇报。如果海外分公司不属于上市公司，总部通常也不对海外分公司实施定期审计。集团内部控制存在的漏洞导致财务造假和巨额资金被挪用。

该怎么做呢？该集团成立集团风险控制和管理委员会，并进一步借此完善公司的内部治理结构，建立风险评估制度，加强公司防范风险的能力。

严谨的风险评估程序通常包括以下步骤。

①进行风险分析。

企业设置风险控制委员会，其目的就是进行风险分析和判断。风险分析需要具备专门技术，采用定性与定量相结合的方法，按照风险发生的可能性及其影响程度等进行测算，对识别的风险进行分析和排序，确保风险分析结果的准确性。

②确定风险应对策略。

企业应当根据风险分析的结果，在风险与收益中进行权衡，并结合企业的风险承受度，确定风险应对策略，以对风险进行有效控制。

通常情况下，企业可以采取的风险应对策略有以下三种。

第一种，规避风险。对于超出企业风险承受度的事项，企业可以选择放弃或者停止与之相关的业务活动，以避免和减轻损失。

第二种，降低风险或分担风险。降低风险是指从企业内部采取适当的控制措施降低风险或者减轻损失，将风险控制在风险承受度之内。分担风险是指企业借助外部力量，采取业务分包、购买保险、合作经营等方式，将风险控制在风险承受度之内。

第三种，承受风险。承受风险是指企业对风险进行评估后，认为风险可以接受，准备实施新项目。通常情况下，企业应该对项目的风险进行充分估计并制定充足的应对措施。

③对风险进行持续关注。

企业的风险随实际情况和环境的变化在不断发生变化，因此，企业需要根据不同发展阶段的具体情况，结合业务拓展，持续收集并关注与风险变化有关的信息，不断调整对风险的评价和分析，并及时调整风险应对策略，对风险进行适时地、动态地把握。

④建立重大风险预警机制。

通过重大风险预警机制和突发事件应急处理机制，可以及时应对可能发生的重大风险或突发事件，确保突发事件及时得到妥善处理。

第三，控制活动。内部控制在企业管理中具有极其重要的意义，企业内部控制制度的实施在很大程度上依赖于控制活动。控制活动是企业根据风险评估结果所采用的相应控制措施，其目的在于将风险控制在可承受度之内。

企业的控制活动通常应包含以下几个方面。

①不相容职务分离控制。

凡是业务流程中所涉及的不相容职务，需要实施相应的分离措施，形成各司其职、相互制约的工作机制。

企业不相容职务的内容主要有：钱账分离、物账分离。前者包括现金、银行存款的管理，后者主要体现在仓库的实物管理和账务管理必须分离。

②授权审批控制。

企业应对业务进行详细分类管理，区分常规授权和特别授权。对于特别授权项目必须要有总经理和相关高层管理人员的审批才可执行，其目的在于明确权限、审批程序和相应责任。

通常情况下，对日常重复性项目实行常规授权，对重大决策项目和突发项目实行特别授权。此外，集体决策审批或者联签制度能更好地提高决策的科学性并降低风险。

③会计系统控制。

会计系统控制能有效地防范内部错误和舞弊。会计系统控制要求企业加强会计工作，包括对会计凭证、会计账簿和财务会计报告的管理和控制。

④财产保护控制。

财产保护体现在两个方面：一是财产的日常管理，包括财产记录和实物保管；二是定期清查，包括定期盘点和账实核对。

财产保护控制需要加强对重要财产接触的限制，如未经授权的人员不得接触财产。财产处置行为通常需要通过特别授权后才能进行。

⑤预算控制。

实施全面预算管理制度，可以明确各责任单位在预算管理中的职责权限，并通过预算加强对各项支出的约束，以强化内部控制。

⑥运营分析控制。

通过采用因素分析、对比分析、趋势分析等方法，对生产、购销、投资、融资、财务等方面的信息，定期开展运营情况分析，可以发现存在的问题，如导致成本上升的因素是原材料上涨还是人工费用上涨，或是废品率提高，并对问题进行深层分析，及时查明原因并加以改进。

⑦绩效考评控制。

通过设置考核指标体系，对企业内部各部门及员工业绩进行定期考核和客观评价，将考评结果作为确定员工薪酬以及职务晋升的依据，能调动员工的积极性，并使工作业绩与个人报酬相结合，促进企业业绩的提升。

第四，良好的信息与沟通控制。及时准确地收集、传递相关的信息，确保信息在企业内部、企业与外部之间畅通无阻并能得到有效的反馈，是良好的信息与沟通控制的关键。

信息与沟通控制的主要内容包括以下几个方面。

①建立信息与沟通制度。

明确内部控制相关信息的收集、处理和传递程序，确保信息得到及时处理。前述煤矿公司有一个重大内部控制问题，就是员工提出的关于安全风险的信息未得到有效反馈和处理。

除企业内部各部门间的信息沟通外，企业还应建立与外部投资者、债权人、客户、供应商、中介机构和监管部门等有关方面的信息沟通和反馈制度，以便及时发现问题并及时解决。

②信息技术及信息共享。

利用信息技术能更好地促进信息的集成与共享，扩大信息在企业内部的传递范围和影响。因此，信息系统开发与维护、文件储存与保管、网络安全等控制都是企业应该完善的内部控制制度。

③反舞弊机制。

反舞弊机制的重点在于预防。建立舞弊案件的举报、调查、处理、报告和补救程序可在一定程度上加强员工的舞弊恐惧心理，发挥企业内部管理的震慑作用，从而降低员工舞弊的动机和可能性。

第五，内部监督。仅仅建立制度是不够的，还需要对制度的执行情况进行监督。内部监督的目的就是定期评价内部控制的有效性、发现内部控制问题，并及时加以改进。

企业一方面要对内部控制的实施情况进行常规的、持续的日常监督检查，另一方面也需要对影响企业发展战略、组织结构及经营活动等重大调整或变化，进行有针对性的专项监督检查。

通过监督检查可以发现企业内部控制存在的问题。一是内部控制设计方面是否存在不足，如未对重大资产进行特别授权管理等。二是内部控制制度的执行是否存在不足，即内部控制制度在各个部门的贯彻情况，包括人员配备与分工等。

通过监督检查对内部控制的有效性进行自我评价。非财务经理对监督过程中发现的内部控制问题，应当及时提出整改方案，寻找改进措施。

案例 通过日常生活解读财务报表

2019 年 11 月 11 日，我以信用卡划款 5 300 元购买了一部华为手机，其中：使用信用卡全部余额 5 000 元，透支 300 元。

这一经济业务导致我的货币资金减少（贷）5 000 元，流动负债增加 300 元（贷），固定资产增加（借）5 300 元。

要看懂财务报表，就要先学会财务报表的语言。接着，我们再从一个生活中的故事学会看财务报表。

小王在办公楼附近开了一家奶茶店，对经常光顾的客人要喝什么奶茶了如指掌。但你要是问他：用的是什么产品策略、存货管理、产品分析或者竞争者分析来赢得市场份额。没有学过财务的小王只能用疑惑的表情来回答你。但是你如果换一种方式问，可能会得到满意的答案。

比如，小王，你的奶茶店每天做多少杯奶茶？太容易了，小王数数店里的空杯子就知道了。用专业的词来表达，这就是存货的概念，只是小王不懂财务专业术语。再如，你问小王，每天关店时，卖了多少杯奶茶，跟昨天的对比一下，看看今天的生意是否更好。这是小王的日常工作，他同样可以轻而易举地回答出来。这体现在财务报表中就是销售收入与销售分析的概念。小王的奶茶店生意很好，原因在于他很清楚哪种奶茶更赚钱，哪种奶茶卖得更快。用财务用语来说就是，小王很懂产品策略。

小王奶茶店的经营日常 VS A 公司的经营日常

如果我们把小王奶茶店的经营日常与公司的经营日常联系起来，就会发现财务报表简单易懂。

小王奶茶店与 A 公司的经营日常如表 3-18 所示。

表3-18　小王奶茶店与A公司的经营日常

小王的奶茶店		A公司
每天要做多少杯奶茶		存货
卖哪种奶茶更赚钱？哪种奶茶卖得更快		产品策略
小王将今天卖奶茶的收入减去采购奶茶的成本，就知道今天赚了多少钱	VS	销售毛利
每天关店时，小王都会算一下今天收入多少钱，再跟昨天的对比一下，看看今天的生意是否更好		销售收入与销售分析
小王知道，进货时和常年批发商谈周结或者月结，而卖东西时不会赊销		应收账款和应付账款管理

表3-18 A公司一列所反映的那些晦涩难懂的专业名词，小王一个也不懂，却用同样的概念卖了很多年奶茶。即使我们没有学过专业的财务知识，也能理解小王卖奶茶的方式，因为这些都是生活常识，我们都在使用，却"不识庐山真面目"。可见，读财务报表难的是化繁为简，将其翻译为我们熟悉的语言。

不懂财务报表的小王把小小的奶茶店做成了网红店，竟然有人收购它做连锁店。假如你是这位投资者，你是会投资像小王奶茶店这样在成长中的小店，还是直接投资像A公司这样的上市公司。

这时候我们需要的不是跟着感觉走，而是用数据说话。这一系列的数据就形成了一张张财务报表。

案例　揭示企业财务报表的真相

突然有一天，你发现你经常去吃饭的M记餐厅倒闭了。你感到很奇怪，每次来这里吃饭或打包都要排长队，为什么一家看着很赚钱的店就这样倒闭了呢？原来，这家M记餐厅大部分的顾客是附近一家直播公司的员工。这家公司与M记餐厅签订了合同，他们公司员工的午餐费按月结算。

换句话说，这些排队吃饭的人吃的是霸王餐。所以，虽然M记餐厅账面上的营业收入很高，但是实际收到的钱很少。看着生意这么好，M记餐厅的老板心里正盘算着年底可以再开一家分店了。结果一算账，老板才发现，已经连房租都交不起了。他去附近的那家直播公司讨钱，对方却告诉他，公司正在资产清算，这笔餐费给不了，M记餐厅因此倒闭了。

这个故事告诉我们什么？净利润≠现金，赚钱的公司也会倒闭。

M记餐厅老板很郁闷，明明利润表告诉他赚钱了，但是他苦心经营后换来的是倒闭。难道财务人员做假账了吗？当然不会。原因在利润表自身。

我们看利润表就知道，第一个项目是营业收入。那这个数值是确定的，还是不确定的？

这是不确定的！

因为大部分公司都不是采用现金交易的方式，即使这个公司一个月有300万元的营业收入，可能也会因为质量问题被客户要求退货，或者要求销售折让，进而减少了利润表中营业收入的数额。

会计原理：权责发生制。在会计实务中，大多数公司记账基础都是权责发生制，而非收付实现制。

权责发生制，就是产品交付给客户后，不管有没有收到货款，这笔交易会被记录下来。交易发生后，只有收到货款才记账，叫收付实现制。因此，利润表上营业收入的金额，不是100%确定的。也就是说，利润表上的净利润不等于现金。很多人看利润表只看它的净利润，以此来判断公司赚不赚钱。

甚至有人这样误解：公司今年赚这么多钱，咋不多发点奖金呢？到底是怎么回事？

真正的原因在于，除了大环境不好，公司为未来做打算，会预留更多盈余以备不时之需。其实，最主要的误解在于，他们认为净利润等于现金，认为账面上的净利润就是公司盈余的现金。

其实，净利润并不等于现金。

利润表上的净利润只代表账面所示的这段时间公司获利或者亏损多少钱，而不是真正的现金。因此，一家公司利润表上显示盈利，并不等于公司有很多现金。甚至，利润表上显示赚钱的公司倒闭了，因为净利公司≠现金。

而且，大多数公司的营业收入并不是收现金，赊销存在账期问题，所以利润表上公司收入大增、净利润高，不代表手上有很多现金可以发奖金。

第 4 章
从非财务经理角度看企业增值税管理

增值税是对销售商品、提供劳务的单位和个人就其实现的增值额征收的一个税种。因为是对增值的部分征税，所以叫作增值税。我国现行增值税属于比例税率，根据应税行为一共分为 13%、9%、6% 三档税率及 5%、3% 两档征收率。

在增值税的征收上，采取税款抵扣的办法，即根据销售商品或提供劳务的销售额，乘以税率计算出销售税额，也就是销项税额，然后扣除取得该商品或劳务时所支付的增值税款，也就是进项税额，其差额就是商品或者劳务在流转过程中增值部分应交的税额。

4.1 从非财务经理角度看：如何制定增值税管理目标

增值税在我国流转税体系中占有非常重要的地位，同时增值税管理是企业管理中非常重要的内容，也是非财务经理要重点关注的内容。

企业应制定增值税管理目标，避免重复征税，保证税负由最终消费者负担。

4.1.1 增值税销项税额的控制

一般纳税人缴纳的增值税，是销项税额减去当月认证通过的进项税额，再减去上月留抵税额。这个过程中，首先涉及的是销项税额，企业的含税收入，除以 1. 13（假设该企业适用 13% 的增值税税率），再乘以 13%，得出的结果就是一般纳税人的销项税额。

企业应加强增值税销项税额的控制。在不违反增值税相关法律法规、销售确认和不影响营业规模的前提下，调节营业收入以控制增值税销项税额。

4.1.2 增值税进项税额的最优化

增值税计算过程的第二个阶段就是计算当月认证通过的进项税额。那么，怎样理解进项税额？

商业企业要买进货物，工业企业要买进材料，并且商业企业和工业企业都要发生费用，这些业务都会涉及进项税额。当企业取得发票时，即买进的货物或者材料，或发生费用所取得的发票，这些发票上所列示的增值税税额，就是进项税额。

也就是说，当月认证通过的进项税额与专用发票密切相关。这里注意是取得的专用发票，普通发票是不能抵扣的。

很多人以为只有进货，或者进材料时发生的进项税额才可以抵扣，其实发生费用产生的进项税额也可以抵扣。比如水电费，如果有专用发票，也可以抵扣；比如运费，如果取得专用发票，也可以抵扣。

企业增值税管理，即进项税额的最优化管理：根据当期增值税销项税额规划增值税进项税额；购货运输费计入货物成本以增加进项税额。

4.1.3　增值税税负的平衡

进项税额还可以上月留抵，那么上月留抵是怎么回事呢？企业当月有可能没有产生销项税额，或者产生的很少。没有收入，销项税额就是 0，但是并不代表当月没有发生成本、费用。如果有成本、费用发生，就产生了进项税额，就可以认证抵扣。而用销项税额（0）减去进项税额，产生负数。那么有负数是不是没法抵扣，是不是浪费了呢？

答案是不会浪费，企业可以留到下期继续抵扣。所以这叫作上个月的进项税额留下来抵扣——上月留抵。

企业增值税税负的平衡管理要求，在增值税税负异常低的情况下，进项税额可以在 360 天内推后入账抵扣。

4.2　如何管理增值税销项税额

企业应当学会管理各期的增值税，使得各期增值税税负不突增或突减，以平衡各期增值税。企业增值税管理包括销项税额和进项税额的管理。

首先，我们来看如何管理增值税销项税额？

4.2.1　增值税纳税义务人发生时间

增值税纳税义务发生时间指纳税人依照税法规定负有纳税义务的起始时间。

采取直接收款方式销售货物，不论货物是否发出，纳税义务发生时间均为收到销售额或取得索取销售额凭据的当天。采取托收承付和委托银行收款方式销售货物，纳税义务发生时间为发出货物并办妥托收手续的当天。

也就是说，若销售货物，企业纳税义务发生时间，按销售结算方式的不同，而不同（见表4-1）。

表4-1　销售货物增值税纳税义务发生的时间

	销售方式	纳税义务发生时间	备注
销售货物	直接收款	收到销售款或者取得索取销售款凭据的当天	不论货物是否发出
	托收承付	办妥托收手续的当天	已经发出货物
	委托银行收款	办妥托收手续的当天	已经发出货物
	赊销	书面合同约定的收款日期/货物发出（无收款日）的当天	已经发出货物
	分期收款	书面合同约定的收款日期/货物发出（无收款日）的当天	已经发出货物
	预收货款	货物发出的当天	
	生产工期超过12个月的大型机械设备、船舶、飞机等	收到预收款/书面合同约定的收款日期的当天	不论货物是否发出
	委托其他纳税人代销货物	收到代销清单/收到全部或者部分货款/发出代销货物满180天的当天	货物不一定发出
	视同销售货物	货物移送的当天	—

若属于其他销售行为的，如销售应税劳务或服务，纳税义务发生时间为提供劳务同时收讫销售款或者取得索取销售款凭据的当天。提供劳务增值税纳税义务发生的时间见表4-2。

表4-2　提供劳务增值税纳税义务发生的时间

提供劳务	应税劳务	纳税义务发生时间	备注
提供服务	提供服务	提供服务过程中或完成后收到款项的当天	服务已提供或在提供中
	视同销售服务	服务转让完成的当天	—
	租赁服务	收到预收款的当天	服务未提供

续表

提供劳务	应税劳务	纳税义务发生时间	备注
转让无形资产 或销售不动产	转让无形资产	转让过程中或完成后收到款项的当天	所有权不一定转移
	销售不动产	转让过程中或完成后收到款项的当天	所有权不一定转移
	视同销售无形资产	无形资产转让完成的当天	—
	视同销售不动产	不动产权属变更的当天	—

企业按照自身或付款人的需求开具发票确认收入，存在延迟申报缴纳增值税的税务风险。

4.2.2　视同提供应税服务行为

对于视同提供应税服务行为，由于没有收取款项而不做账务处理，不进行纳税申报，造成少交增值税的税务风险。

例如，根据"营改增"相关规定，企业视同提供应税服务的征税行为的情况：某咨询公司为个人无偿提供技术咨询服务；某运输公司为其他单位无偿提供交通运输服务。

4.2.3　差额征税

差额征税，是"营改增"的产物。"营改增"前，增值税的核算方法是用销项税额减进项税额，但"营改增"后，发现有些特定业务是无法取得专用发票的，所以规定这些业务可以通过扣除销售额的办法来计算增值税。

"营改增"试点期间，差额征税的政策运用和处理是纳税人容易出错的环节，也是容易造成少交或多交增值税风险的环节。

4.2.4　销售额

销售额，是指纳税人销售货物或者提供应税劳务，从购买方或承受应税劳务方收取的全部价款和价外费用。因向购买方收取的销项税额属于价外税，所以销售额中不包括向购买方收取的销项税额。如果销售的货物是消费税应税产品或进口产品，则全部价款中包括消费税或关税。

纳税人有价格明显偏低并无正当理由或者有视同销售货物行为而无销售额者，按下列顺序确定销售额：

（1）按纳税人最近时期同类货物的平均销售价格确定；

（2）按其他纳税人最近时期同类货物的平均销售价格确定；

（3）按组成计税价格确定，其计算公式如下。

$$组成计税价格 = 成本 \times (1 + 成本利润率)$$

"成本"分为两种情况：销售自产货物的为实际生产成本；销售外购货物的为实际采购成本。

"成本利润率"根据规定统一为10%。但若销售的货物属于从价定率征收消费税的货物，其成本利润率为《消费税若干具体问题的规定》中规定的成本利润率。

非财务经理要特别关注这一点：向关联方提供应税服务的价格可能会存在不公允的情形，如价格明显偏低或者偏高，还有视同提供应税服务而无销售额的情形。如不按税法规定的顺序确定销售额，而以价格较少者确定销售额，则存在违法风险。

4.2.5 价外费用

价外费用，是指价外向购买方收取的手续费、补贴、基金、集资费、返还利润、奖励费、违约金、滞纳金、延期付款利息、赔偿金、包装费、包装物租金、储备费、优质费、运输装卸费、代收款项、代垫款项，及其他各种性质的价外收费。

如果企业对提供应税服务价外收取的各种费用不计提增值税，则易造成少交增值税的税务风险。

4.2.6　适用税率

增值税税率是指增值税应税产品的总体税额与销售收入额的比例。由于增值税以应税产品的增值额为课税对象，同时又必须保持同一产品税负的一致性，因此，从应税产品的总体税负出发确定适用税率是增值税税率设计的一大特点。增值税税率是13%、9%及6%。"营改增"后增值税税率变化情况见表4-3。

表4-3　"营改增"后增值税税率变化情况

征税范围	之前增值税税率	现行增值税税率
纳税人销售或者进口货物； 纳税人提供加工、修理修配劳务和有形动产租赁服务（包括经营性租赁和融资性租赁）	16%	13%
提供交通运输业、邮政、基础电信、建筑、不动产租赁服务（包括经营性租赁和融资性租赁），销售不动产，转让土地使用权； 纳税人销售或者进口货物	10%	9%
提供现代服务业服务（有形动产和不动产租赁除外）、增值电信服务、金融服务、生活服务、销售无形资产（转让土地使用权除外）	6%	6%

非财务经理要关注企业在兼有不同税率或者征收率应税服务的情况下，避免适用税率错误导致增值税计算错误。纳税人未分别核算销售额的，从高适用税率和从高适用征收率。

4.2.7　兼营业务

纳税人销售货物、加工修理修配劳务、服务、无形资产或者不动产适用不同税率或者征收率的，应分别核算适用不同税率或者征收率的销售额，未分别核算销售额的，按以下方法适用税率或者征收率。

（1）兼有不同税率的销售货物、加工修理修配劳务、服务、无形资产或者不动产，从高适用税率。

（2）兼有不同征收率的销售货物、加工修理修配劳务、服务、无形资产或者不动产，从高适用征收率。

（3）兼有不同税率和征收率的销售货物、加工修理修配劳务、服务、无形资产或者不动产，从高适用税率。

纳税人兼营免税、减税项目的，应当分别核算免税、减税项目的销售额；未分别核算的，不得免税、减税。

4.2.8 销售收入完整性

非财务经理应确认企业有无应计销售收入而未计导致少交增值税的情形，比如：

（1）提供应税劳务不开发票，未计收入、未申报纳税；

（2）预收账款长期挂账，应税服务已提供，但不按规定结转收入申报纳税；

（3）对于收取的款项，没有按规定全额计收入，而是将支付的回扣、手续费等费用扣除，坐支销货款；

（4）对应缴纳增值税的业务计算不全；

（5）出售应税固定资产，未按适用税率计算销项税额或未按适用征收率计算应纳税额；

（6）以物易物、以物抵债等特殊业务收入，未计收入、未申报纳税。

4.2.9 混合销售与视同销售

一项销售行为如果既涉及服务又涉及货物，为混合销售。从事货物的生产、批发或者零售的单位和个体工商户的混合销售行为，按照销售货物缴纳增值税；其他单位和个体工商户的混合销售行为，按照销售服务缴纳增值税。

非财务经理在对混合销售行为的界定上，往往容易与兼营行为混淆。纳税人兼营销售货物、劳务、服务、无形资产或者不动产，适用不同税率或者征收率的，应当分别核算适用不同税率或者征收率的销售额；未分别核算的，从高适用税率。

混合销售行为与兼营行为的根本区别和相同点在哪里呢？

相同点：既有销售货物又有销售服务的行为。

根本区别：混合销售行为中含有既销售货物又含有销售服务的行为，而且该服务是对其销售的货物提供的服务，两者是紧密相连的。例如，消防设备厂家销售设备给客户的同时给客户提供安装服务，安装的设备是其销售的设备。

而兼营行为有以下两种情况。

一是一项销售行为中有销售两种以上不同税率的服务或销售两种以上不同税率的货物的行为。例如，既有设计资质也有建筑资质的企业与发包方签订的总承包合同中，有增值税税率不同的设计服务和建筑服务，这就是兼营行为，该企业应分别纳税。

二是发生两项以上的销售行为，每项销售行为之间就是兼营行为。例如，既有销售资质又有安装资质的设备厂家与设备购买方签订一份销售合同，只发生销售设备的行为，而没有对其销售的设备提供安装服务。但是该设备厂家为购买其设备的客户提供了安装该客户从别的厂家购买的设备的服务，并签订一份安装合同，则该既有销售资质又有安装资质的设备厂家发生了兼营行为，应分别适用税率，申报缴纳增值税。

实践中如何判断是"一项销售行为"还是"两项销售行为"？一般来说，签订一份合同就认定为"一项销售行为"，签订两份合同就认定为"两项销售行为"。如果一份合同中分别注明销售货物和销售服务的价格，也将该合同认定为一份销售合同，并认定为混合销售行为。

4.2.10　规避取得虚开增值税专用发票的风险

纳税人意外取得虚开增值税专用发票，会给企业带来不必要的经济损失。所以，纳税人应该采取一些积极有效的防范措施，尽量减少其风险。

防范措施：提高防范意识；对供货单位做必要的调查；尽量通过银行账户划拨货款；要求开票方提供税务登记证等资料；通过防伪系统验证发票真假；对有疑点的发票，要及时向税务机关求助查证。

4.2.11　销项税额风险点防范

非财务经理需要关注以下销项税额风险点防范。

（1）不同销售结算方式的增值税纳税业务发生时间及开票时间。

（2）增值税特殊行为征税规定。

（3）计税依据。

（4）增值税销售额的确定，包括：还本销售方式销售额的确定，以物易物方式销售额的确定，一般纳税人销售自己用过的物品、出租出借包装物销售额的确定等。

4.3　如何管理增值税进项税额

进项税额，是指纳税人购进货物、加工修理修配劳务、服务、无形资产或者不动产，支付或者负担的增值税。作为非财务经理，需要了解哪些是准予从销项税额中抵扣的进项税额，以及存在的可抵扣进项税额的风险点和如何防范等内容。

4.3.1　增值税扣税凭证

根据税法规定，准予抵扣的进项税额限于下列增值税扣税凭证上注明的增值税税款和按规定的扣除率计算的进项税额。

（1）纳税人购进货物或应税劳务，从销货方取得增值税专用发票抵扣联上注明的增值税税款。

（2）纳税人购进免税农产品所支付给农业生产者或小规模纳税人的价款，取得经税务机关批准使用的收购凭证上注明的价款按一定比例抵扣进项税额。

（3）购进中国粮食购销企业的免税粮食，可以按取得的普通发票金额按一定比例抵扣进项税额。

（4）纳税人外购货物和销售货物所支付的运费（不包括装卸费、保险费等其他杂费），按运费结算单据（普通发票）所列运费和基金金额按一定比例抵扣进项税额。

（5）生产企业一般纳税人购入废旧物资回收经营单位销售的免税废旧物资，可按废旧物资回收经营单位开具的有税务机关监制的普通发票上注明的金额，按一定比例计算抵扣进项税额。

（6）企业购置增值税防伪税控系统专用设备和通用设备，可凭借购货所取得的专用发票所注明的税额从增值税销项税额中抵扣。

纳税人取得的增值税扣税凭证不符合法律、行政法规或者国家税务总局有关规定的，其进项税额不得从销项税额中扣除。

4.3.2　不应抵扣和可抵扣的进项税额

下列项目的进项税额不得从销项税额中抵扣。

（1）用于简易计税方法计税项目、非增值税应税项目、免征增值税项目、集体福利或者个人消费的购进货物、接受加工修理修配劳务或者应税服务。

（2）非正常损失的购进货物及相关的加工修理修配劳务和交通运输业服务。

（3）非正常损失的在产品、产成品所耗用的购进货物（不包括固定资产）、加工修理修配劳务和交通运输业服务。

（4）接受的旅客运输服务。

（5）自用的应征消费税的摩托车、汽车、游艇，但作为提供运输服务的运输工具和租赁服务标的物的除外。

非增值税应税项目，是指非增值税应税劳务、转让无形资产（专利技术、非专利权、商誉、商标、著作权除外）、销售不动产以及不动产在建工程；非增值税应税劳务，是指《应税服务范围注释》所列项目以外的应税劳务。

现实中，有些项目兼适用于可抵扣、不可抵扣，那怎么办呢？我们可以通过图4-1来解释这个问题。

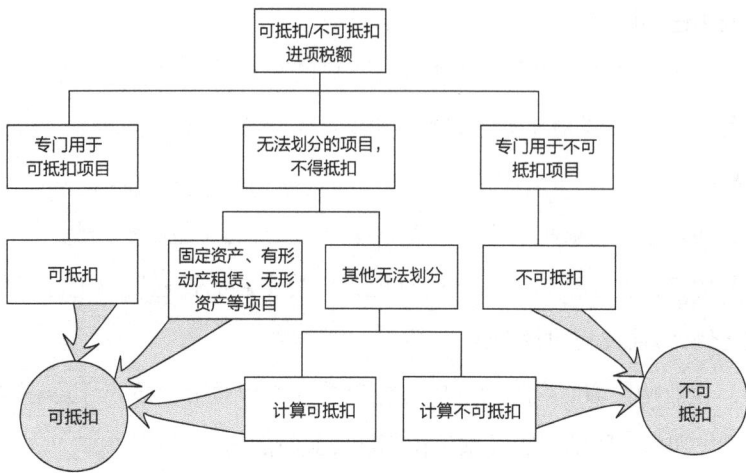

图4-1 不同采购项目可抵扣与不可抵扣进项税额的区别

从图4-1中可以看出，不同采购项目可抵扣与不可抵扣进项税额的区别。

4.3.3 应做进项税额转出而未做进项税额转出

企业购进的货物发生非正常损失（非经营性损失），以及将购进货物改变用途（如用于非应税项目、集体福利或个人消费等），其抵扣的进项税额应通过"应交税费——应交增值税（进项税额转出）"科目转入有关科目，不予以抵扣。

已抵扣进项税额的购进货物、接受加工修理修配劳务或者应税服务，应当将该进项税额从当期进项税额中扣减；无法确定该进项税额的，按照当期实际成本计算应扣减的进项税额。

4.3.4 增值税抵扣凭证的规定

一般纳税人销售货物或者提供应税劳务（服务）可汇总开具专用发票。汇总开具专门用发票的，同时使用防伪税控系统开具销售货物或者提供应税劳务（服务）清单，并加盖发票专用章。若收到无清单或自制清单的汇总开具的专用发票，则不可以抵扣税款。

纳税人提供应税服务，开具增值税专用发票后，发生提供应税服务中止、折让、开票有误等情形，应当按照国家税务总局的规定开具红字增值税专用发票。未按照规定开具红字增值税专用发票的，不得扣减销项税额或者销售额。

纳税人接受境外单位或者个人提供应税服务，从税务机关或者境内代理人取得的中华人民共和国通用税收缴款凭证抵扣进项税额的，应当具备书面合同、付款证明和境外单位的对账单或者发票。若资料不全，仅凭通用税收缴款书，其进项税额也不得从销项税额中扣除。

4.3.5 抵扣率准确性的规定

自 2019 年 4 月 1 日起，增值税一般纳税人发生增值税应税销售行为或者进口货物，原适用 16% 税率的，税率调整为 13%；原适用 10% 税率的，税率调整为 9%。

自 2019 年 4 月 1 日起，增值税一般纳税人销售交通运输、邮政、基础电信、建筑、不动产租赁服务，销售不动产，转让土地使用权，销售或者进口下列货物，税率为 9%：

（1）粮食等农产品、食用植物油、食用盐；

（2）自来水、暖气、冷气、热水、煤气、石油液化气、天然气、二甲醚、沼气、居民用煤炭制品；

（3）图书、报纸、杂志、音像制品、电子出版物；

（4）饲料、化肥、农药、农机、农膜；

（5）国务院规定的其他货物。

增值税一般纳税人销售增值电信服务、金融服务、现代服务（租赁服务除外）、生活服务、无形资产（不含土地使用权），税率为 6%。

对增值税一般纳税人购进农产品，原适用 10% 扣除率的，扣除率调整为 9%。

4.3.6 对于取得不动产的规定

根据相关法律规定，自 2019 年 4 月 1 日起，纳税人取得不动产或者不动产在建工程的进项税额不再分两年抵扣。此前尚未抵扣完毕的待抵扣进项税额，可自 2019 年 4 月税款所属期起从销项税额中抵扣。

4.3.7 进项税额风险点防范

非财务经理除了要把握准予抵扣和不得抵扣的进项税额以外，还必须注意：发票认证，发票抵扣时限，发票专用章换版，发票是否丢失，不动产抵扣，农产品发票，允许抵扣的运输发票；建筑工程老项目与新项目的区分等。

4.4 增值税专用发票的使用与管理技巧

增值税专用发票是由国家税务总局监制设计印制的，只限于增值税一般纳税人领购使用。其既是纳税人反映经济活动的重要会计凭证，又是兼记销货方纳税义务和购货方进项税额的合法证明，也是增值税计算和管理中重要的、决定性的、合法的专用发票。

4.4.1 增值税专用发票的限额

对专用发票实行最高开票限额管理。最高开票限额，是指单份专用发票开具的销售额合计不得超过的上限额度。

税务局会根据企业的销售量来设定单张发票的开票限额，在初次核定发票的时候，会告诉企业上限。增值税专用发票通常分为千元版、万元版、十万元版、百万元版。

开票时，发票的抬头要与企业名称的全称一致。2017 年 7 月 1 日以后，增值税专用发票必须要有税号，不符合规定的发票，不得作为税收凭证。

4.4.2 增值税发票的构成、作用

增值税普通发票由基本联次或者基本联次附加其他联次构成，基本联次为

两联：发票联和记账联。

增值税专用发票由基本联次或者基本联次附加其他联次构成，基本联次为三联。

（1）三联及作用。

发票三联是具有复写功能的，一次开具，三联的内容一致。

①第一联：记账联，是销货方发票联，是销货方的记账凭证，即销货方销售货物的原始凭证/票面上的"税额"指的是"销项税额"，"金额"指的是销售货物的"不含税价格"。

②第二联是抵扣联（购货方用来扣税）。

③第三联是发票联（购货方用来记账）。

（2）四联及作用。

①第一联：蓝色，存根联，销货方留存备查。

②第二联：棕色，发票联，购货方付款的记账凭证。

③第三联：绿色，抵扣联，购货方的扣税凭证。

④第四联：黑色，记账联，销货方销售的记账凭证。

其中，发票联，作为购买方核算采购成本和增值税进项税额的记账凭证；抵扣联，作为购买方报送主管税务机关认证和留存备查的凭证；记账联，作为销售方核算销售收入和增值税销项税额的记账凭证。其他联次的用途，由一般纳税人自行确定。

现行各种发票的联次具体规定如表4-4所示。

表4-4　现行各种发票的联次具体规定

发票名称	联次分类	联次用途
增值税专用发票	包括三联和六联两种（如含存根联则为四联和七联）	三联：第一联为记账联；第二联为抵扣联；第三联为发票联 六联：第一联为记账联；第二联为抵扣联；第三联为发票联；第四联、第五联、第六联为副联
增值税普通发票	包括两联和五联两种	两联：第一联为记账联；第二联为发票联 五联：第一联为记账联；第二联为发票联；第三联、第四联、第五联为副联

增值税专用发票的作用如下。

增值税专用发票是商事凭证，由于实行凭发票抵扣进项税款，购货方要向销货方支付增值税，因此增值税专用发票也是完税凭证，具有证明销货方履行纳税义务和购货方缴纳进项税额的作用。

一种货物从最初生产到最终消费之间的各个环节可以用增值税专用发票连接起来，依据专用发票上注明的税额，在每个环节征税，在每个环节扣税，让税款从上一个经营环节传递到下一个经营环节，直到把商品或劳务供应给最终消费者，这样，各环节开具的增值税专用发票上注明的应纳税额之和，就是该商品或劳务的整体税负。因此，增值税专用发票体现了增值税的普遍征收和公平税负的特征。

4.4.3 增值税专用发票上的税率、税额计算

一般纳税人取得 13% 税率的增值税专用发票，只能按照发票标定的税率计算进项税额。

比如，取得 3 000 元的增值税专用发票，可以抵扣的销项税额为 345.13（3 000 ÷ 1.13 × 13%）元。

4.4.4 不得抵扣的增值税专用发票

众所周知，增值税普通发票是不能抵扣进项税额的。那么，不得抵扣的增值税专用发票有哪些呢？

（1）用于非增值税应税项目、免征增值税项目、集体福利或者个人消费的购进货物或者应税劳务。

（2）非正常损失的购进货物及相关的应税劳务。

（3）非正常损失的在产品、产成品所耗用的购进货物或者应税劳务。

（4）国务院财政、税务主管部门规定的纳税人自用消费品。

（5）以上货物的运输费用和销售免税货物的运输费用。

（6）纳税人自用的应征消费税的摩托车、汽车、游艇，其进项税额不得从销项税额中抵扣。

4.4.5　发票规范开具的 4 项规定

发票规范开具的 4 项规定如下。

（1）发票的基本内容包括：发票的名称、发票代码和号码、联次及用途、客户名称、开户银行及账号、商品名称或经营项目、计量单位、数量、单价、大小写金额、开票人、开票日期、开票单位名称等。

（2）不准转借代开。所谓转借代开，是指填开发票单位和个人之间相互转借发票或超越工作职责范围，徇私情违章替别人开具发票。

（3）不准"卖甲开乙"。所谓卖甲开乙，是指发票填开人为了迎合顾客的要求，故意将甲写成乙，帮助他人弄虚作假。

（4）不准自行开具公司经营范围以外的发票。

4.4.6　发票开错的 3 项处理规定

发票开错的 3 项处理规定如下。

（1）开错的发票不得撕毁。

（2）开错的发票应在全部联次上注明"作废"字样。

（3）开错的发票应保留在原本发票上。

4.4.7　发票管理的 10 项规定

发票管理的 10 项规定如下。

（1）申请领购发票的单位和个人应当提出购票申请，提供经办人身份证明、税务登记证件或者其他有关证明，以及财务印章或者发票专用章的印模，经主管税务机关审核后，发给发票领购簿。领购发票的单位和个人应当凭发票领购簿核准的种类、数量以及购票方式，向主管税务机关领购发票。

（2）经办人身份证明是指经办人的居民身份证、护照或者其他能证明经办人身份的证件。

（3）发票专用章是指开票单位在其开具发票时加盖的有其名称、税务登记号、发票专用章字样的印章。

（4）税务机关对领购发票单位的发票专用章的印模应当留存备查。

（5）发票领购簿的内容应当包括领票单位的名称、所属行业、购票方式、核准购票种类、开票限额、发票名称、领购日期、准购数量、起止号码、违章记录、领购人签字（盖章）、核发税务机关（章）等内容。

（6）发票限于领购单位和个人在本省、自治区、直辖市内开具。

（7）未经税务机关批准，不得跨规定的使用区域携带、邮寄、运输空白发票。禁止携带、邮寄或者运输空白发票出入境。

（8）开具发票的单位应建立发票使用登记制度，设置发票登记簿，并定期向主管税务机关报告发票使用情况。

（9）办理变更或者注销税务登记的同时，办理发票和发票领购簿的变更、缴销手续。

（10）按照税务机关的规定存放和保管发票，不得擅自损毁。已开具的发票存根联和发票登记簿，应当保存五年。保存期满，报经税务机关查验后销毁。

4.4.8　增值税红字专用发票的开具

在实务操作中，一般纳税人在开具专用发票时就发现有误的，可即时作废；在开具专用发票当月，发生销货退回、开票有误等情形，收到退回的发票联、抵扣联符合作废条件的，按作废处理，不需要开具增值税红字专用发票。

作废应当同时满足下列情形：收到退回的发票联、抵扣联时间未超过销售方开票当月，销售方未超税并且未记账，购买方未认证或者认证结果为"纳税人识别号认证不符""专用发票代码、号码认证不符"。如果不符合作废条件，就必须开具增值税红字专用发票。

纳税人提供应税服务，开具增值税专用发票后，发生提供应税服务终止、折让、开票有误等情形，应当按照国家税务总局的规定开具增值税红字专用发票。未按规定开具增值税红字专用发票的，不得扣减销项税额或者销售额。

4.4.9　过期认证发票或丢失扣税凭证的处理

增值税一般纳税人未在规定期限内到税务机关办理认证、申报抵扣或者稽核比对的专用发票，将无法作为合法的增值税扣税凭证，不能用于进项税额抵扣。

如果丢失前未认证的，购买方凭销售方提供的相应专用发票记账联复印件到主管税务机关进行认证，认证相符的凭该专用发票记账联复印件及销售方所在地主管税务机关出具的《丢失增值税专用发票已报税证明单》，经购买方主管税务机关审核同意后，可作为增值税进项税额的抵扣凭证。

增值税一般纳税人丢失海关缴款书的，应在规定期限内，凭报关地海关出具的相关已完税证明，向主管税务机关提出抵扣申请。主管税务机关受理申请后，应当进行审核，并将纳税人提供的海关缴款书电子数据录入稽核系统进行比对。稽核比对无误后，方可允许抵扣。

4.4.10　增值税专用发票的风险与防范

一般而言，增值税专用发票的使用与管理中，容易出现虚开增值税专用发票的情况，即发票开具内容与经济业务不符。在虚开发票情况下，开票方、受票方、介绍方都可能违法，由此带来风险。

例如，购买一批食品，销售方开具的是购买复印纸发票，这就是虚开发票，因为发票内容与实际业务不符。

增值税专用发票的使用和管理的风险与防范如图4-2所示。

增值税专用发票传递风险与防范	不及时取得增值税专用发票带来的资金成本	不及时开具增值税专用发票造成的税务风险	增值税专用发票遗失风险与防范
传递不及时会造成税负不平衡或发票遗失，应建立增值税专用发票传递制度与流程	导致提前缴纳增值税而增加资金成本	不及时开具造成漏税风险	增值税专用发票遗失造成税负增加，应强化发票管理制度

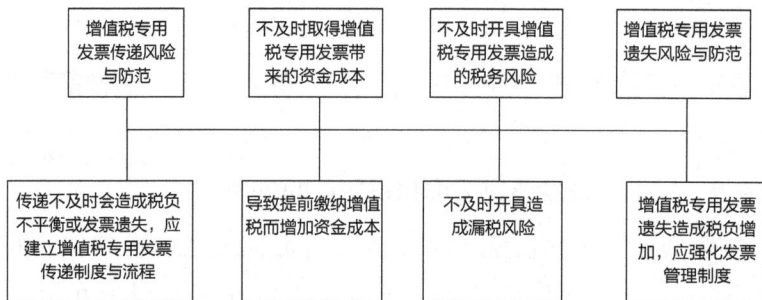

图4-2　增值税专用发票的使用和管理的风险与防范

第 5 章
从非财务经理角度看企业所得税管控

　　企业所得税是对我国内资企业和经营单位的生产经营所得和其他所得征收的一种税。企业所得税纳税人即所有实行独立经济核算的中华人民共和国境内的内资企业或其他组织，包括 6 类：国有企业、集体企业、私营企业、联营企业、股份制企业、有生产经营所得和其他所得的其他组织。

　　企业所得税的征税对象是纳税人取得的所得，包括销售货物所得、提供劳务所得、转让财产所得、股息红利所得、利息所得、租金所得、特许权使用费所得、接受捐赠所得和其他所得。

5.1 如何进行企业所得税缴纳管理

企业所得税是我国一项非常重要的税种，企业所得税往往会根据企业的整体营业情况进行确定，我国法律对其有十分严格的规定。那么，企业所得税应该如何缴纳？

5.1.1 企业如何缴纳所得税

企业所得税的纳税年度，是指从公历每年的 1 月 1 日起至 12 月 31 日止。纳税人在一个纳税年度中间开业，或者由于合并、倒闭等原因，使企业在该纳税年度的实际经营期不足 12 个月的，应当以其实际经营期为一个纳税年度；纳税人清算时，应当以清算期间为一个纳税年度。

（1）纳税申报的注意事项。

根据《中华人民共和国企业所得税法实施条例》（以下简称《实施条例》）：企业所得税分月或者分季预缴。企业应当自月份或者季度终了之日起十五日内，无论盈利或亏损，都应向税务机关报送预缴企业所得税纳税申报表，预缴税款。企业应当自年度终了之日起五个月内，向税务机关报送年度企业所得税纳税申报表，并汇算清缴，结清应缴应退税款。

企业在报送企业所得税纳税申报表时，应当按照规定附送财务会计报告和其他有关资料。纳税人在规定的申报期申报确有困难的，可报经主管税务机关批准，延期申报。

纳税申报的准备事项有以下几个方面。

第一，做好年终盘点工作，对企业的资产及债权进行盘点核对，对清理出来的需报批的财产损失，连同年度内发生的财产损失，及时准备报批材料向主管税务机关报批。

需报批的财产损失主要包括：

①因自然灾害、战争、政治事件等不可抗力或者人为管理责任，导致库存现金、银行存款、存货、交易性金融资产、固定资产的损失；

②应收账款、预付账款发生的坏账损失；

③存货、固定资产、无形资产、长期投资因发生永久或实质性损害而确认的财产损失（注意各项目永久或实质性损害的情形，要充分利用）；

④因被投资方解散、清算等发生的投资损失（不包括转让损失）；

⑤按规定可以税前扣除的各项资产评估损失；

⑥因政府规划搬迁、征用等发生的财产损失；

⑦国家规定允许从事信贷业务之外的企业间的直接借款损失。

第二，检查有无应计未计、应提未提费用，若有，则应在 12 月及时做出补提补计，做到应提均提、应计均计。

检查固定资产折旧计提情况，无形资产、长期待摊费用摊销情况，对漏计折旧、漏计摊销的予以补提补计；检查福利费和职工教育经费计提情况，这两项费用是法定的可以按计税工资比例进行税前扣除的费用，是企业的一项权益。不缴纳工会经费的，不用计提。

第三，查阅以前年度的所得税纳税申报资料（最好建立纳税调整台账），查找与本期纳税申报有关系的事项。主要包括：

①未弥补亏损；

②纳税调整事项，如未摊销完的开办费、广告费等。

第四，对年度账务进行梳理，整理本年度发生的纳税调整事项，做到心中有数。能通过账务处理的，最好在年度结账前进行处理。

第五，注意其他税种的"汇算清缴"。企业所得税纳税申报是一个对账务详细梳理的过程，对于其间发现的其他涉税问题也应一并处理。如视同销售漏交的增值税；未按查补缴纳的增值税计缴的城市维护建设税、教育费附加；未及时申报的印花税等。税务机关在对企业所得税汇算清缴时也会对相关涉税问题一并检查并做出处理。

第六，做预缴申报时，需做纳税调整。这样能及时记录纳税调整事项，也能及时反映调整后的应纳税所得额。

第七，对于预缴申报时不能及时做纳税调整的事项，应养成及时记录的习惯。

第八，对与企业所得税相关的主要税务法规，每年至少细读一遍。

第九，当对某些事项的处理，与主管税务机关理解不一致或与税务机关内部人员理解不一致时，宜采用稳妥、保险的处理方法。

（2）四次预缴与五次申报。

根据《实施条例》，企业所得税按年计算，但为了保证税款及时、均衡入库，对企业所得税采取分期（按月或季）预缴、年终汇算清缴的办法。纳税人预缴所得税时，应当按纳税期限的实际数预缴，按实际数预缴有困难的，可以按上一年度应纳税所得额的 1/12 或 1/4，或者经当地税务机关认可的其他方法分期预缴所得税。预缴方法一经确定，不得随意改变。

企业所得税是会计要重点考虑的，因为它跟账务有直接的关系，企业所得税是按照季度申报的，一年有 4 个季度，一个季度申报一次。那么，一年要报 5 次企业所得税。

有很多人不理解，为什么报 5 次，而不是 4 次呢？

企业所得税是按季预缴，就是到了每个季度末要先预交，到了年终再合并。查一查，有没有少报或者多报？

如果少报，可以补；如果多报，可以申请退税。这就是我们说的企业所得税有 5 次申报。每季度末预缴，也就是 4 月、5 月、10 月、次年 1 月预缴。

比如，在 2020 年 5 月 31 日之前（目前申报时间规定）重新申报 2019 年的企业所得税，不足的，要补缴；多了的，可以申请退税。

（3）在"所在地"就地纳税。

企业所得税由纳税人在其所在地主管税务机关就地缴纳。所谓"所在地"是指纳税人的实际经营管理所在地。

来源于中国境内、境外的所得，除税收法律、行政法规另有规定外，居民企业以企业登记注册地为纳税地点；但登记注册地在境外的，以实际管理机构所在地为纳税地点。居民企业在中国境内设立不具有法人资格的营业机构的，应当汇总计算并缴纳企业所得税。

居民企业纳税地点按照以下原则确定，具体如表5-1所示。

表5-1　居民企业纳税地点

所得类型		所得来源的确定
销售货物所得		按照交易活动发生地确定
提供劳务所得		按照劳务发生地确定
转让财产所得	不动产	按照不动产所在地确定
	动产	按照转让动产的企业或者机构、场所所在地确定
	权益性投资资产	按照被投资企业所在地确定
股息、红利等权益性投资所得		按照分配所得的企业所在地确定
利息所得、租金所得、特许权使用费所得		按照负担、支付所得的企业或者机构、场所所在地确定
其他所得		由国务院财政、税务主管部门确定

非居民企业纳税地点：以机构、场所所在地为纳税地点。

非居民企业在中国境内设立两个或者两个以上机构、场所，符合国务院税务主管部门规定条件的，可以选择由其主要机构、场所汇总缴纳企业所得税。

非居民企业所得，以扣缴义务人所在地为纳税地点。

（4）查账征收与填写A类申报表。

企业查账征收是最常见的缴税方式之一。要缴纳的所得税就是根据企业的利润乘以25%的所得税税率得到的。查账征收所用到的企业所得税A类申报表如表5-2所示。

表5-2　企业所得税A类申报表

中华人民共和国企业所得税月（季）度预缴纳税申报表（A类）

税款所属期间：　年　月　日　至　年　月　日

纳税人识别号（统一社会信用代码）：□□□□□□□□□□□□□□□□□□

纳税人名称：　　　　　　　　　　　　　金额单位：人民币元（列至角分）

预缴方式	□按照实际利润额预缴	□按照上一纳税年度应纳税所得额平均额预缴	□按照税务机关确定的其他方法预缴
企业类型	□一般企业	□跨地区经营汇总纳税企业总机构	□跨地区经营汇总纳税企业分支机构

按季度填报信息

项目	一季度		二季度		三季度		四季度		季度平均值
	季初	季末	季初	季末	季初	季末	季初	季末	
从业人数									
资产总额（万元）									
国家限制或禁止行业	□是　□否				小型微利企业			□是　□否	

预缴税款计算

行次	项目	本年累计金额
1	营业收入	
2	营业成本	
3	利润总额	
4	加：特定业务计算的应纳税所得额	
5	减：不征税收入	
6	减：免税收入、减计收入、所得减免等优惠金额（填写A201010）	
7	减：资产加速折旧、摊销（扣除）调减额（填写A201020）	
8	减：弥补以前年度亏损	
9	实际利润额（3+4-5-6-7-8）/按照上一纳税年度应纳税所得额平均额确定的应纳税所得额	
10	税率（25%）	
11	应纳所得税额（9×10）	
12	减：减免所得税额（填写A201030）	
13	减：实际已缴纳所得税额	
14	减：特定业务预缴（征）所得税额	
15	减：符合条件的小型微利企业延缓缴纳所得税额（是否延缓缴纳所得税□是　□否）	

续表

行次	项目	本年累计金额
15	本期应补（退）所得税额（11 − 12 − 13 − 14 − L15）/税务机关确定的本期应纳所得税额	
汇总纳税企业总分机构税款计算		
16	总机构本期分摊应补（退）所得税额（17 + 18 + 19）	
17	其中：总机构分摊应补（退）所得税额（15 × 总机构分摊比例__%）	
18	财政集中分配应补（退）所得税额（15 × 财政集中分配比例__%）	
19	总机构具有主体生产经营职能的部门分摊所得税额（15 × 全部分支机构分摊比例__% × 总机构具有主体生产经营职能部门分摊比例__%）	
20	分支机构本期分摊比例	
21	分支机构本期分摊应补（退）所得税额	

行16~19 总机构填报，行20~21 分支机构填报。

附报信息			
高新技术企业	□是　□否	科技型中小企业	□是　□否
技术入股递延纳税事项	□是　□否		

谨声明：本纳税申报表是根据国家税收法律法规及相关规定填报的，是真实的、可靠的、完整的。

纳税人（签章）：　　　　　年　月　日

经办人： 经办人身份证号： 代理机构签章： 代理机构统一社会信用代码：	受理人： 受理税务机关（章）： 受理日期：　　年　月　日

国家税务总局监制

　　要根据企业的具体情况填报纳税申报表。财务报表上反映的实际利润是多少，就填写多少；实际是怎么发生的，就怎么填。这是在平时工作，一些企业管理者和非财务经理比较困惑的地方。

　　企业报完税后，税务局每年会对其进行稽查。稽查就是抽查所管辖的企业纳税申报的情况。

　　年度申报非常重要。企业所得税的年度申报数据提交给税务局以后，如果税务局稽查时发现所报数据不正确，税务局会要求企业补缴所得税，并缴纳罚款和滞纳金。企业所得税是企业非财务经理比较关注的。当然，会计人员在进行账务处理时，要特别关注企业所得税。

5.1.2 应纳所得税额与应纳税所得额的区别

应纳所得税额等于应纳税所得额乘以所得税税率。应纳税所得额是企业所得税的计税依据，是纳税人每一纳税年度的收入总额减去准予扣除项目金额后的余额，计算公式如下。

$$应纳税所得额 = 收入总额 - 准予扣除项目金额$$

企业所得税准予扣除项目有哪些?

（1）利息支出的扣除。

纳税人在生产、经营期间向金融机构借款的利息支出，按实际发生数扣除；向非金融机构借款的利息支出，不高于按照金融机构同类、同期贷款利率计算的数额以内的部分，准予扣除。

（2）计税工资的扣除。

企业合理的工资、薪金予以据实扣除，这意味着取消实行多年的内资企业计税工资制度，切实减轻了内资企业的负担。但允许据实扣除的工资、薪金必须是"合理的"，对明显不合理的工资、薪金，则不予扣除。

（3）职工福利费、工会经费和职工教育经费的扣除。

职工福利费、工会经费和职工教育经费的扣除标准：提取比例分别为"工资薪金总额"的14%、2%、2.5%。在职工教育经费方面，为鼓励企业加强职工教育投入，《实施条例》规定：除国务院财税主管部门另有规定外，企业发生的职工教育经费支出，不超过工资薪金总额2.5%的部分，准予扣除；超过部分，准予在以后纳税年度结转扣除。

（4）捐赠的扣除。

纳税人的公益、救济性捐赠，在年度会计利润一定比例（12%）以内的，允许扣除。超过的部分则不得扣除。

（5）财产、运输保险费的扣除。

纳税人缴纳的财产、运输保险费，允许在计税时扣除。但保险公司给予纳税人的无赔款优待，则应计入企业的应纳税所得额。

（6）职工养老基金和待业保险基金的扣除。

职工养老基金和待业保险基金在税务部门认可的上交比例和基数内，准予在计算应纳税所得额时扣除。

纳税人应纳税所得额的计算以权责发生制为原则，应纳税所得额的正确计算，同成本、费用核算关系密切，其直接影响国家财政收入和企业的税负。纳税人在计算应纳税所得额时，按照税法规定计算出的应纳税所得额与企业依据财务会计制度计算的会计所得额（会计利润）往往不一致。当企业财务、会计处理办法与有关税收法规不一致时，应当依照国家税收法规的规定计算缴纳企业所得税。

5.1.3　应纳税所得额与利润总额的区别

利润总额是会计利润，是根据企业会计准则通过会计核算得到的会计利润；应纳税所得额是税收概念，是计算企业所得税的计税依据。

利润总额即会计利润，为税前利润。

利润总额是营业收入扣除营业成本、费用、税金及附加后的余额。相关公式如下。

营业利润 = 营业收入 − 营业成本 − 税金及附加 − 销售费用 − 管理费用 −

财务费用 − 资产减值损失 + 公允价值变动收益

（ − 公允价值变动损失）+ 投资收益（ − 投资损失）

利润总额 = 营业利润 + 营业外收入 − 营业外支出

净利润 = 利润总额 − 所得税费用

应纳税所得额是企业所得税的计税依据，按照相关税法的规定，应纳税所得额为企业每一个纳税年度的收入总额，减除不征税收入、免税收入、各项扣除以及允许弥补的以前年度亏损后的余额。

作为非财务经理，需要理解税前会计利润与企业所得税应纳税所得额之间的关系，计算公式如下。

应纳税所得额 = 税前会计利润 + 纳税调整增加额 − 纳税调整减少额

对于这个公式，我们应该怎么理解呢？

（1）税前会计利润是按企业会计准则的规定计算的利润总额。应纳税所得额是按税法规定计算的应税利润，两者在认定标准上有区别，所以不一定相等。因此，需要在企业会计利润的基础上进行调整才能计算出应税利润（应纳税所得额）。

（2）公式中的"纳税调整增加额"主要包括税法规定允许扣除项目中，企业已计入当期费用但超过税法规定扣除标准的金额（如超过税法规定标准的职工福利费、工会经费、职工教育经费、业务招待费、公益性捐赠支出、广告费和业务宣传费等），以及企业已计入当期损失但税法规定不允许扣除项目的金额（如税收滞纳金、罚金、罚款等）。

（3）公式中的"纳税调整减少额"主要包括按税法规定允许扣除的弥补的亏损和准予免税的项目，如前五年内未弥补亏损和国债利息收入等。

（4）在计算应纳税所得额时，下列支出不得扣除。

①资本性支出。资本性支出是指纳税人购置、建造固定资产，以及对外投资的支出。企业的资本性支出，不得直接在税前扣除，应以提取折旧的方式逐步摊销。

②无形资产受让、开发支出。无形资产受让、开发支出是指纳税人购置无形资产以及自行开发无形资产的各项费用支出。无形资产受让、开发支出也不得直接扣除，应在其受益期内分期摊销。

③资产减值准备。固定资产、无形资产计提的减值准备，不允许在税前扣除；其他资产计提的减值准备，在转化为实质性损失之前，不允许在税前扣除。

④违法经营的罚款和被没收财物的损失。纳税人违反国家法律、法规，被有关部门处以的罚款以及被没收财物的损失，不得扣除。

⑤各项税收的滞纳金、罚金和罚款。纳税人违反国家税收法规，被税务部门处以的滞纳金和罚款、被司法部门处以的罚金，以及上述以外的各项罚款，

不得在税前扣除。

⑥自然灾害或者意外事故损失有赔偿的部分。纳税人遭受自然灾害或者意外事故，保险公司给予赔偿的部分，不得在税前扣除。

⑦超过国家允许扣除的公益性捐赠，以及非公益性捐赠。纳税人用于非公益性捐赠，以及超过年度利润总额12%的部分的捐赠，不允许扣除。

⑧各种赞助支出。

⑨与取得收入无关的其他各项支出。

5.1.4 了解企业所得税税率

根据《中华人民共和国企业所得税法》："在中华人民共和国境内，企业和其他取得收入的组织为企业所得税的纳税人，依照本法的规定缴纳企业所得税。"企业所得税税率如表5-3所示。

表5-3 企业所得税税率

税目	税率
企业所得税税率	25%
符合条件的小型微利企业（2019年1月1日至2021年12月31日，应缴纳所得额不超过100万元的部分，减按25%计入应纳税所得额；超过100万元但不超过300万元的部分，减按50%计入应纳税所得额）	20%
国家需要重点扶持的高新技术企业	15%
技术先进型服务企业（我国服务外包示范城市）	15%
线宽小于0.25微米的集成电路生产企业	15%
投资额超过80亿元的集成电路生产企业	15%
设在西部地区的鼓励类产业企业	15%
广东横琴、福建平潭、深圳前海等地区鼓励类产业企业	15%
国家规划布局内的重点软件企业和集成电路设计企业	10%
对从事污染防治的第三方企业（从2019年1月1日至2021年年底）	15%
非居民企业在中国境内未设立机构、场所的：或者虽设立机构、场所但取得的所得与其所设机构、场所没有实际联系的，应当就其来源于中国境内的所得缴纳企业所得税	10%

自 2020 年 1 月 1 日起，企业执行表 5-3 所示的税率。

（1）基本税率为 25%。

《中华人民共和国企业所得税法》规定，企业所得税税率基本税率为 25%。

（2）适用 20% 税率的企业。

从 2019 年 1 月 1 日到 2021 年 12 月 31 日，小型微利企业每年应缴纳税所得额不超过 100 万元的部分，应当按减 25% 的税率计入应纳税所得额，按 20% 的税率缴纳企业所得税；对年应纳税所得额超过 100 万元但不超过 300 万元的部分，减按 50% 计入应纳税所得额，按 20% 的税率缴纳企业所得税。

小型微利企业应满足的条件：年度应纳税所得额不超过 300 万元。从业人数不超过 300 人，资产总额不超过 5 000 万元。无论按查账征收方式或核定征收方式缴纳企业所得税，均可享受优惠。

（3）适用 15% 税率的企业。

对国家需要重点扶持的高新技术企业，减按 15% 的税率征收企业所得税。

对经认定的技术先进型服务企业，减按 15% 的税率征收企业所得税。

对设在横琴新区、平潭综合实验区和前海深港现代服务业合作区的鼓励类产业企业减按 15% 的税率征收企业所得税。

对设在西部地区以《西部地区鼓励类产业目录》中新增鼓励类产业项目为主营业务，且其当年度主营业务收入占企业收入总额 70% 以上的企业，自 2021 年 1 月 1 日至 2030 年 12 月 31 日，可减按 15% 税率缴纳企业所得税。

对集成电路线宽小于 0.25 微米或投资额超过 80 亿元的集成电路生产企业，经认定后，减按 15% 的税率征收企业所得税。

自 2019 年 1 月 1 日起至 2021 年 12 月 31 日，对符合条件的从事污染防治的第三方企业减按 15% 的税率征收企业所得税。

（4）适用 10% 税率的企业。

国家规划布局内的重点软件企业和集成电路设计企业，如当年未享受免税优惠的，可减按 10% 的税率征收企业所得税。

非居民企业取得企业所得税法第二十七条第（五）项规定的所得，减按

10%的税率征收企业所得税。

5.1.5　缴纳所得税存在哪些风险

非财务经理需要关注的企业所得税风险如下。

（1）收入所得类风险。

①收入总额风险。

收入不完整，部分应税收入未申报纳税。企业所得税收入总额包括：销售货物收入，提供劳务收入，转让财产收入，股息、红利等权益性投资收益，利息收入，租金收入，特许权使用费收入，接受捐赠收入，其他收入。比如，企业发生盘盈，属于其他收入范围，但不并入收入总额。比如，不对逾期未退包装物押金收入、确实无法偿付的应付款项等进行调整。比如，在取得相关收入时冲减费用而不作收入，这会造成企业的收入总额减少，从而导致税前扣除的业务招待费、广告费和业务宣传费用的减少，进而造成应纳税所得额的虚增，引发多缴纳企业所得税的风险。

②经营业务收入风险。

收入不具备合规性，收入申报不及时。比如，各种主营业务中以低于正常市场价的价格销售货物、提供劳务，将已实现的收入长期挂往来账或置于账外而未确认收入，采取预收款方式销售货物未按税法规定的在发出商品时确认收入，以分期收款方式销售货物未按照合同约定的收款日期确认收入等。比如，物业管理公司预收业主跨年度的物业管理费，在实际提供物业管理服务时确认为当期收入。

③其他收入风险。

未将企业取得的罚款、滞纳金、无法支付的长期应付款项、收回以前年度已核销的坏账损失、固定资产盘盈收入、教育费附加返还，在"资本公积"项目中反映的债务重组收益、接受捐赠资产，及根据税法规定应在当期确认的其他收入列入收入总额。比如，"坏账准备""资产减值损失"科目以及企业辅助台账，已作坏账损失处理后又收回的应收款项；"营业外收入"科目，结合质保金等长期未付的应付账款情况，未按税法规定确认当期收入。

④利息收入风险。

债权性投资取得利息收入，存在不计、少计收入或者未按照合同约定的债务人应付利息的日期确认收入实现的情况；未按税法规定准确划分免征企业所得税的国债利息收入，少缴企业所得税；金融企业发放的未逾期贷款，没有根据先收利息后收本金的原则，按合同确认的利率和期限计算利息，并于债务人应付利息的日期确认收入的实现；金融企业发放的逾期贷款发生的应收利息，没有于实际收到的日期，或者虽未实际收到但会计上确认为利息收入的日期，确认收入的实现。

⑤股息和红利收入风险。

对外投资、股息和红利挂往来账不计、少计收入；对会计采用权益法核算长期股权投资的投资收益与按税法规定确认的投资收益的差异未按税法规定进行纳税调整，或者只调减应纳税所得额而未进行相应调增；将应征企业所得税的股息、红利等权益性投资收益混做免征企业所得税股息、红利等权益性投资收益，少申报企业所得税。

⑥视同销售收入风险。

发生非货币性资产交换，以及将货物、财产、劳务用于捐赠、偿债、赞助、集资、广告、样品、职工福利或者利润分配、销售等其他改变资产所有权属用途的，未按税法规定视同销售货物、转让财产或者提供劳务确认收入。结合相关合同及结算单，查看"生产成本""管理费用""销售费用"等科目，核对有无视同销售行为，确认是否有视同销售未申报收入等情况。

⑦政策性搬迁风险。

未在搬迁完成年度进行搬迁清算，将搬迁所得计入当年度企业应纳税所得额；由于搬迁处置存货而取得的收入，未按正常经营活动取得的收入进行所得税处理，而计入搬迁收入；搬迁期间新购置的资产，未按税法规定计算确定资产的计税成本及折旧或摊销年限，而是将发生的购置资产支出从搬迁收入中扣除。

⑧不征税收入风险。

不符合税法规定的财政性资金，作为不征税收入申报；符合税法规定条件的不征税收入（如技改专项补贴等）对应发生的支出在税前扣除，未进行纳税调整；对符合税法规定条件的不征税收入形成的研发费用进行加计扣除；符合规定条件的财政性资金做不征税收入处理后，在 5 年（60 个月）内未发生支出且未缴回财政或其他拨付资金的政府部门的部分，未计入取得该资金第六年的应税收入总额；对于不符合规定条件的财政性资金，没有作为应税收入在取得财政补贴款项的当年度计入应纳税所得额。

⑨非货币性资产转让风险。

在生产经营中，特别是在改制和投资等业务过程中，转让特许经营权、专利权、专利技术、固定资产、有价证券、股权以及其他非货币性资产所有权，未按照公允价值即市场价格正确计算应税收入。

⑩以前年度损益调整风险。

以前年度损益调整事项只进行了会计调整，未进行纳税调整。

（2）税前部分扣除类风险。

①工资薪金支出风险。

第一，工资支付对象不合规，不应包含：已领取养老保险金、失业救济金的离退休职工、下岗职工、待岗职工；应从提取的职工福利费中列支的医务室、职工浴室、理发室、幼儿园、托儿所人员；已出售的住房或租金收入计入住房周转金的出租房的管理服务人员；与企业解除劳动合同关系的原企业职工；无劳动人事关系或劳务派遣关系的其他人员。第二，工资薪金总额不合规，不应包括：企业的职工福利费、职工教育经费、工会经费以及养老保险费、医疗保险费、失业保险费、工伤保险费、生育保险费等社会保险费和住房公积金。第三，属于国有性质的企业，其工资薪金总额超过政府有关部门规定的限额，超过部分未按税法规定进行纳税调整。第四，企业对已预提而在年度汇缴结束前未向员工实际支付的工资在汇缴年度税前扣除，未进行纳税调整。第五，股权激励部分未按规定进行纳税调整。

②职工福利风险。

企业扣除的职工福利费，超过了工资薪金总额的 14%。发生的职工福利费支出不符合税法规定的支付对象、规定范围等，未进行纳税调整。例如，将职工福利费直接记入成本费用类科目，按计提数、不按实际发生数扣除职工福利费，将上年超限额的职工福利费余额结转本年扣除等。企业发生的职工福利费，未单独设置账册，未准确核算。对因雇用季节工、临时工、实习生、返聘离退休人员以及接受外部劳务派遣用工所实际发生的费用，未按规定划分工资性支出和职工福利费支出。

③工会经费风险。

企业扣除的工会经费，超过了工资薪金总额的 2%；发生的工会经费支出不符合税法的确认原则，支付凭据不合规等，未进行纳税调整。例如，将工会经费支出直接记入成本费用类科目，不做纳税调整；本年未达比例，将上年超限额的工会经费余额结转扣除等。

④职工教育经费风险。

企业当年扣除的职工教育经费，超过了工资薪金总额的 2.5%（自 2018 年 1 月 1 日起扣除上限为工资、薪金总额的 8%）；发生的职工教育经费不符合税法规定的支付对象、规定范围、确认原则和列支限额等，未调增应纳税所得额。例如，将职工教育经费支出直接记入成本费用类科目而不做纳税调整，已计提但未实际发生的职工教育经费不做纳税调整等。

⑤基本社会保险费和住房公积金风险。

为职工缴纳的基本养老保险费、基本医疗保险费、失业保险费、工伤保险费、生育保险费等基本社会保险费和住房公积金，未按照国务院有关主管部门或者省级人民政府规定的范围和标准进行税前扣除，超出部分未调增应纳税所得额；除依照国家有关规定为特殊工种职工支付的人身安全保险费和国务院财政、税务主管部门规定可以扣除的其他商业保险费外，为投资者或者职工支付的商业保险费，未调增应纳税所得额。

⑥补充养老保险和补充医疗保险风险。

为本企业任职或者受雇的全体员工支付的补充养老保险费、补充医疗保险，超过职工工资总额5%部分未分别调增应纳税所得额。

⑦业务招待费风险。

发生的与生产经营活动有关的业务招待费支出未在企业所得税申报表中正确归集；没有按照税前扣除标准进行申报，即业务招待费按照发生额的60%扣除，但最高不得超过当年销售（营业）收入的5‰，超过部分未调增应纳税所得额，销售（营业）收入=主营业务收入+其他业务收入+视同销售收入；筹办企业将超过当年销售（营业）收入的5‰与筹办活动有关的业务招待费支出计入筹办费；从事股权投资业务的企业，超过规定范围计算业务招待费扣除限额（该类型企业对被投资企业所分配的股息、红利以及股权转让收入，可以按规定比例计算业务招待费扣除限额）。

⑧广告费和业务宣传费风险。

发生的广告费和业务宣传费不符合税法规定的条件，未进行纳税调整；当年发生符合条件的广告费和业务宣传费支出，超过当年销售（营业）收入15%（化妆品制造或销售、医药制造、饮料制造企业为30%，烟草企业不得扣除），超过部分未调增当年应纳税所得额；赞助性支出不能在税前扣除。

⑨捐赠支出风险。

捐赠的范围不符合税法规定，允许税前扣除的捐赠仅限于公益性捐赠；捐赠的途径不符合税法规定，只有通过公益性社会团体或者县级以上人民政府及其部门实施的公益性捐赠才可以在税前扣除；捐赠的凭证不符合税法规定，企业在对外实施捐赠时，必须向接受捐赠的部门索要合法有效的凭证，即财政部门印制的、加盖接受捐赠单位印章的公益性捐赠票据和非税收入一般缴款书收据联；捐赠支出（含结转扣除部分）超过年度利润总额12%的部分未做纳税调整。

⑩手续费及佣金支出风险。

超过税法规定比例（财产保险15%，人身保险10%，其他企业5%，证券、期货、保险代理据实扣除）的手续费及佣金支出未调增应纳税所得额；将手续费及佣金支出计入回扣、业务提成、返利、进场费等其他费用科目，未正确核算；除委托个人代理外，企业在税前扣除以现金等非转账方式支付的手续费及佣金；企业在税前扣除已计入固定资产、无形资产等相关资产的手续费及佣金，没有通过折旧、摊销等方式分期扣除。

（3）重点扣除类风险。

①成本类风险。

将无关费用、损失和不得税前列支的回扣等计入材料成本；高转材料成本；材料定价不公允，通过材料采购环节向企业所属独立核算的"三产"企业转移利润；高转生产成本；未及时调整入库材料的估价，重复入账、以估价入账代替正式入账；高耗能企业中，能源价格及耗用量的波动与生产成本的变化不符合逻辑关系，存在虚列成本的风险。

②利息支出风险。

超限额列支利息，如企业向职工个人或非金融企业借款的利息支出超过按照金融企业同期同类贷款利率计算的数额的部分，未调增应纳税所得额；未区分资本性利息支出与收益性利息支出，对于应当资本化的利息支出混同收益性利息支出，一次性在税前扣除，没有计入有关资产的成本，没有按照有关资产折旧、摊销的规定分期计入企业的损益；企业实际支付给境内关联方的利息支出，超过按税法规定的债权性投资和权益性投资比例（金融企业为5∶1，其他企业为2∶1）的部分，企业申报扣除未相应调增相关年度应纳税所得额；关联企业间的利息支出不能证明相关交易活动符合独立交易原则的或者该企业的实际税负不高于境内关联方的，未对相关利息支出进行纳税调整；没有取得合法有效的凭证。企业发生的借款利息支出应当按照规定取得合法有效的凭证，以证明其真实性、合规性。

③租赁费用风险。

租赁费用税前列支错误，如一次性列支房屋设备租赁费，未进行纳税调整。未区分融资租赁和经营租赁，将以融资租赁方式租入固定资产发生的租赁费在税前一次性扣除，没有按照规定通过提取折旧的方式分期扣除。

④折旧和摊销风险。

未按税法规定，自行扩大固定资产、无形资产计税基础；固定资产、无形资产计税基础与账面价值有差异，未对折旧额、摊销额进行纳税调整；未按税法规定的范围和方法进行折旧和摊销。

⑤收益性支出与资本性支出风险。

对于发生的成本费用支出未正确区分收益性支出和资本性支出。例如，在建工程等非销售业务领用产品所应负担的工程成本，记入"主营业务成本"科目，减少主营业务利润；大型设备边建设边生产，建设资金与经营资金的界限划分不清，造成应该资本化与费用化的借款费用划分不准确；将购进应作为固定资产管理的物资作为低值易耗品，一次性在税前扣除；把取得的无形资产直接作为损益类支出一次性进行税前扣除；应计入固定资产原值的运输费、保险费、安装调试费等在成本、费用中直接列支；未对符合条件的固定资产大修理支出进行摊销等。

⑥各类预提、准备金支出风险。

将计提的各类预提费用、准备金全额在税前扣除，对没有实际发生的各类预提费用、准备金，没有进行纳税调整；金融企业涉农贷款和中小企业贷款损失准备金税前扣除不合规。

⑦与生产经营无关的支出风险。

关联企业成本、投资者或职工生活方面的个人支出、离退休福利等与生产经营无关的成本费用，以及各类代缴代付款项在税前扣除，未进行纳税调整。

⑧其他不得扣除项目的风险。

不得扣除的项目，包括向投资者支付的股息红利等权益性投资收益款项、企业所得税税款、税收滞纳金、罚金罚款和被没收财物的损失、《中华人民共和国企业所得税法》第九条规定以外的捐赠支出、赞助支出、未经核定的准备金支出、与取得收入无关的其他支出，未调增应纳税所得额。

（4）特殊事项类风险。

①资产损失风险。

对申报方式、确认时间、扣除金额、证据资料等方面不符合税法规定的资产损失进行了税前扣除；对未在会计上作为损失处理的资产损失在纳税申报时进行扣除。

②企业重组风险。

重组的税务处理未区分不同条件分别适用一般性税务处理规定和特殊性税务处理规定；企业发生特殊性重组，交易各方未对交易中非股权支付在交易当期确认相应的资产转让所得或损失，并调整相应资产的计税基础等；股权收购、资产收购重组，收购方取得股权或资产的计税基础未以公允价值为基础确定，被收购方未按税法规定以公允价值确认股权、资产转让所得或损失；以非现金资产抵债的债务重组收入金额较大的，未按税法规定确认收入。

③关联交易风险。

关联企业之间的原料产品购销、股权转让、设备采购、借款、运输等业务往来，不按照独立企业之间的业务往来收取或者支付价款费用而减少应纳税所得额的，未做纳税调整；关联企业之间支付的管理费在税前列支，未进行纳税调整；总分公司等企业内营业机构之间支付的租金、特许权使用费、利息等进行税前扣除，对应收入则挂在往来账上。

（5）申报事项类风险。

①汇算清缴要及时。

凡在纳税年度内从事生产、经营（包括试生产、试经营），或在纳税年度中间终止经营活动的纳税人，无论是否在减税、免税期间，也无论盈利或亏损，均应按照有关规定进行企业所得税汇算清缴。

②纳税事项要调整。

在计算应纳税所得额时，企业财务、会计处理办法与税收法律、行政法规的规定不一致的，应当依照税收法律、行政法规的规定计算。由于税收法律、行政法规和财务、会计处理办法存在差异，所以汇算清缴时企业需对部分纳税事项进行调整，在计算当期应交企业所得税时，应在按照会计制度及相关准则计算的利润总额的基础上，加上或减去会计制度、相关准则与税法规定就某项收益、费用或损失等确认和计量的差异后，调整为应纳税所得额，据以计算当期应交企业所得税。

③年度亏损要弥补。

企业纳税年度发生的亏损，准予向以后年度结转，用以后年度的所得弥补，但结转年限最长不得超过五年。需要注意的是，税法所指亏损的概念，不是企业财务报表中反映的亏损额，而是企业财务报表中的亏损额按税法规定核对调整后的金额。如果纳税人不按税法规定进行纳税调整、虚报亏损，税务机关应对其进行纳税调整、补征税款，形成偷税的，根据《中华人民共和国税收征收管理法》的有关规定进行处罚。

④网上申报要准确。

纳税人可在网上办理申报手续。纳税人在办理完企业所得税年度纳税申报手续后，发现有误的，在次年 5 月 31 日前，可对已申报的数据进行修改。

⑤汇缴申报要按期。

企业应当自年度终了之日起五个月内，向税务机关报送年度企业所得税纳税申报表，并汇算清缴，结清应交应退税款。因此，纳税人应在次年 5 月 31 日前向主管税务机关报送《企业所得税年度纳税申报表》和税务机关要求报送的其他有关资料，办理结清税款手续。如果纳税人因不可抗力，不能按期申报纳税的，可按照《中华人民共和国税收征收管理法》及其实施细则的规定，向主管税务机关办理延期纳税申报手续。纳税人未按照规定期限缴纳税款的，按照《中华人民共和国税收征收管理法》的规定，从滞纳税款之日起，按日加收滞纳税款万分之五的滞纳金。

5.2 对企业所得税法规定的限制性费用的把控

企业的成本费用分为三种：全额扣除支出、限定性支出、超额扣除支出。全额扣除支出即当期发生的支出可以全额在成本中列支；限定性支出是指实际发生的支出要在规定标准限额内扣除；超额扣除支出是指可以按超出实际发生的支出列支成本。

对于非财务经理来说，全额扣除支出和超额扣除支出的概念比较清晰，也好理解。限定性支出往往存在一些风险。

5.2.1　对业务招待费的把控

我们知道，企业实际发生的与生产经营活动有关的业务招待费，按照实际发生额的60%扣除，但最高不得超过当年销售（营业）收入额（含视同销售收入额）的5‰。

A企业2019年度实现营业收入50 000万元，实际发生的与生产经营活动有关的业务招待费500万元，其以企业自制商品作为礼品馈赠客户，商品成本为300万元，同类商品售价为400万元。

在计算业务招待费税前扣除数额时，应做如下纳税调整：

调整后的业务招待费金额 = 500 - 300 = 200（万元）

调整后的计税基础 = 50 000 + 400 = 50 400（万元），按销售收入5‰计算，业务招待费税前扣除限额为252（50 400×5‰）万元；

按业务招待费60%扣除限额计算，扣除额为120（200×60%）万元，由于120万元 < 252万元，则业务招待费企业所得税税前扣除额为120万元，应纳税所得额调增80（200 - 120）万元。

5.2.2　对广告费、业务宣传费的把控

企业发生的符合条件的广告费和业务宣传费支出，除国家财政、税务主管部门另有规定外，不超过当年销售（营业）收入额（含视同销售收入）15%的部分，准予扣除；超过部分，准予在以后年度结转扣除。

企业申报的广告费支出，必须符合下列条件：广告是由工商部门批准的专门机构制作的；已实际支付，并已取得相应发票；通过一定的媒体传播。

5.2.3　对职工福利费的把控

企业实际发生的满足职工共同需要的集体生活、文化、体育等方面的职工福利费支出，不超过工资薪金总额14%的部分，准予扣除。

5.2.4　对职工教育经费的把控

除国务院财政、税务主管部门另有规定外，企业发生的职工教育经费支出，不超过工资薪金总额8%的部分，准予扣除；超过部分，准予在以后纳税年度结转扣除。

5.2.5　对利息支出的把控

非金融企业向金融企业借款的利息支出、金融企业的各项存款利息支出和同业拆借利息支出、企业经批准发行债券的利息支出可据实扣除。

非金融企业向非金融企业借款的利息支出，不超过按照金融企业同期同类贷款利率计算的数额的部分可据实扣除，超过部分不允许扣除。

关联企业利息费用的扣除：借款金额不超过权益性投资的 2 倍或 5 倍（金融企业为 5 倍，非金融企业为 2 倍）；借款利率不超过金融企业同期同类贷款利率。企业能够按规定提供相关资料并证明交易活动符合独立交易原则，或者企业的实际税负不高于境内关联方的，其实际支付给境内关联方的利息支出，不受债资比的限制，但是仍需要满足一般原则，即借款利率不超过金融企业同期同类贷款利率。

非银行企业内营业机构之间支付的利息，不得在税前扣除。

第6章
非财务经理如何实施预算管理，掌握先进方法

"凡事预则立，不预则废。"这句话说明了预算的重要性，强调做事要预先想好怎么做，要事前制订一个计划，对可能出现的各种情况及不同的结果有充分的预计，进而做出决策，从而降低风险以取得最大的收益。

6.1 如何实施预算管理

企业预算管理是在企业战略目标的指引下，通过预算编制、执行、控制、考评与激励等一系列活动，全面提高企业管理水平和经营效率，实现企业价值最大化的一种管理方法。企业预算管理是一项重要的管理工具，能够帮助管理者开展计划、协调、控制和业绩评价等工作。

6.1.1 预算管理概要

在当今企业管理中，非财务经理只有广泛采用现代管理理念，充分认识预算管理的重要意义，既懂得科学地编制预算，又善于运用预算管理，才能使企业不断提高经济效益。

预算管理，简单地说就是通过事先确定的一系列以财务指标为主的目标，实现对过程的控制，并以预算目标为依据对结果进行评价。它是一种具有会计数据管理特性的组织内部控制机制。企业内部控制机制如图6-1所示。

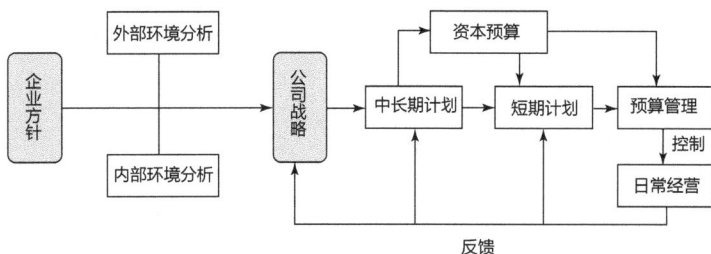

图6-1 企业内部控制机制

预算具有五个特征：以经济效益为出发点、以价值形式为定量描述、以市场为导向、以全员参与为保障、以财务管理为中心。

　　预算管理基础是将业务流、信息流、人力资源流与资金流整合为一体并进行优化配置的管理系统。预算管理环节如图6-2所示。

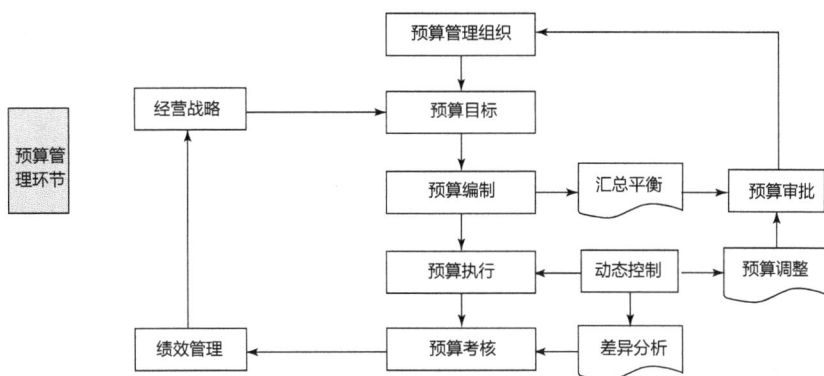

图6-2　预算管理环节

　　企业实施预算管理的过程如下。首先，实行"三全"管理，包括全员参与、全位预算、全程受控；其次，预算执行，包括及时解决预算执行中存在的问题、设定预算目标、明确预算执行范围与程序；最后，包括预算控制、预算考评、预算分析与预算调整、预算激励等。

　　预算管理体系如图6-3所示。

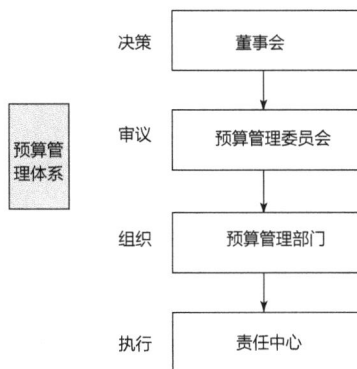

图6-3　预算管理体系

组织目标的实现从资源配置开始，而预算是资源配置的工具和表现形式，也是资源配置的过程和操作，所以，预算是最高层次的决策范畴之一，是基于组织目标的企业行为起点。

非财务经理把预算融入企业战略和经营目标，在不确定的市场动态中设定企业预算，重新构建关于企业预算的观念体系、行为规则和作业流程。预算与企业有关。

6.1.2　预算管理具体做法

非财务经理预算管理的具体做法包括以下方面。首先，要解决预算执行中存在的以下问题：不做传达、不做追踪、多头审批、重复审批、特批滥批、管理会计不健全、信息质量差、责任不清、奖罚不明。

其次，设定预算目标，预算目标包括 4 个指标。

（1）基本指标：产值、营业收入、毛利、营业利润、期间费用率、投资报酬率、可控费用率、收入费用率等。

（2）辅助指标：应收账款回收率、长期借款偿还率、资产保值增值率等。

（3）修正指标：市场占有率等。

（4）否决指标：安全生产等。

在企业预算管理实施过程中，非财务经理需要思考以下四个方面。

（1）避免目标置换。

预算目标从属于企业目标，服从于企业目标。但在企业实际活动中往往出现严格按预算规定，始终围绕预算目标，而忘却了首要职责是实现企业目标的情况。究其原因，一是没有恰当掌握预算控制力度，二是预算指标没有很好地体现企业目标的要求，或是经济环境的变化造成预算目标和企业目标相偏离。

为了防止预算控制中出现目标置换，非财务经理一方面应当使预算更好地体现计划的要求，另一方面应适当掌握预算控制力度，使预算具有一定的灵活性。

（2）避免过繁过细。

有的非财务经理认为，预算作为管理和控制手段，应对企业经营的每一个细节都做出具体的规定，实际上这样做会导致各职能部门缺乏应变的空间，会不可避免地影响企业运营效率，所以预算并非越细越好。对于预算的细化程度，必须联系对职能部门授权的程度进行认真酌定，过细过繁的预算等于让授权名存实亡。

（3）避免因循守旧。

制定预算时通常采用基数法，即以历史的情况作为制定的依据。如职能部门用日常支出作为预算编制标准，则就有可能故意扩大日常支出，以便在以后年度获得较高的预算支出标准。因此，必须采取有效的预算控制措施来避免出现这一现象，如通过详细列示报表内容、健全报表体系等方法减少人为因素的影响，提高精确性和科学性。

（4）避免一成不变。

预算制定出来后，预算执行者应当对预算进行管理，促进预算的实施，必要时可根据实际情况进行检查、修订和调整。尽管制定预算时预见了未来可能发生的情况，并制定了相应的应变措施，但因一方面预算不可能面面俱到，另一方面情况在不断变化，总有一些问题是不可能预见的。故预算管理不能一成不变，非财务经理要对预算进行定期检查，如果情况已经发生重大的变化，就应当调整预算或重新制定预算，以达到预期目标。

6.1.3　预算控制

在企业管理当中，预算是否有效，要看它是否有利于实现企业目标。

预算以数量化的方式来表明管理工作标准，控制是以确定的管理工作标准对行动的度量和对偏差的纠正。所以预算管理是过程中的控制，即事前控制、事中控制、事后控制。事前控制是对投资项目或生产经营的规划、预算的编制，详细地描述了为实现目标而要达到的工作标准。事中控制是一种协调、限制差异的行动，以保证预期目标的实现。事后控制是纠正偏差，减少不利的影响。

非财务经理做好预算控制，就要特别注意两点。

（1）保持预算的一致性。

预算一旦制定，就不易随便调整。因为编制预算是建立在一定假设基础上的，所以编制预算之初就要考虑预算的调整。通常，如果企业日后发生的事项在编制预算时考虑的范围之内，则不应当进行调整。

除非受到不可控因素的影响，而且该影响对企业原预算的执行产生影响较大，则应经过企业管理者和决策部门认可之后，对原预算进行调整。通常情况下，企业调整预算的频率为半年一次，不宜过于频繁。

（2）保持对预算执行过程的实时监督。

管理者在预算执行过程中要加强实时监督，力求及时对整个过程进行监督，分析预算执行的偏差，分析偏差产生的原因，追根溯源，并探讨改进措施。只有这样，才能准确把握预算执行的效果，把握各种方案的执行情况，做到及时纠正差错，避免进一步扩大错误或损失。

总之，预算管理是企业管理的重要组成部分，有利于企业人员对信息做出及时和准确的反应。企业管理者通过进行预算管理来促进企业价值的提升。信息反馈是预算控制职能得以实现的前提和基础，因而必须建立一个完善的信息反馈系统。

案例 "两抢"预算

某公司推行预算管理以来，发现下属子公司存在两种比较奇怪的现象：到了每年10月或11月，有些子公司超额完成预算，有些子公司只完成了预算的60%。但是，存在这两种现象的公司都放慢了销售进度，有意识地将订单推迟到明年，同时放松了费用控制。

基于这种现象，不少企业高层对预算管理感到失望和无奈。预算几乎成为企业管理的"绝症"。预算管理对企业管理而言，犹如鸡肋，用之无效，弃之可惜。

杰克·韦尔奇认为："预算是美国企业的祸根，它根本不应该存在！制定预算就等于追求最低绩效。你永远只能得到员工最低水平的贡献，因为每个人都在讨价还价，争取制定最低指标。"

错误的行为源于错误的思维方式，合理的行为规则必须以正确的理念为基础。预算本身没有错，错的是人们的预算思想和操作规则。因此，必须重新构建关于企业预算的观念体系、行为规则和作业流程。

杰克·韦尔奇认为："在许多企业里，制定预算的程序是经营中最缺乏效率的环节。它吞噬了人们的精力、时间、乐趣和组织的梦想，遮蔽了机遇，阻碍了增长，产生了企业中最没有效率的行为，它导致人们相互敲诈，或者满足于中庸。它是那么阴险，它到处蔓延，占据正统的位置。"

预算本身并没有错，错的是将预算目标作为绩效目标来考核，因此必须割断目标与资金的联系。

案例　浙江移动公司预算管理持续改进

在浙江移动公司，管理部门要定期提交一份特殊的"成绩单"，这份"成绩单"记录了主营业务收入、利润目标等，它就是以资金流量、成本费用控制为重点的全面预算责任报告书。

这就是浙江移动公司实施的预算管理，它的作用是显而易见的。近年来，浙江移动公司业务收入和净利润逐年上升，资金使用效率明显提高，资产负债率则呈明显下降趋势。更为关键的是，预算管理培养了浙江移动公司员工的成本效益观念，使他们养成了在工作中对经济数据进行平衡思维的习惯，使公司形成了"用数据说话"的公司文化。在浙江移动公司，预算管理就好像秤的准星，它平衡着公司经营的重心，统揽了全面优质管理体系的全局，引导公司走向内涵式精细管理模式。

（1）数据量化宏伟理想。

当下，浙江移动用户规模超过一千万。但浙江移动公司并不满足于已经取得的成绩，而是致力于打造以"全面优质管理"为核心的战略管理体系，对公司外部环境、发展战略、业务发展规划、网络建设、投资效益等进行全方位的分析，实现由经验型管理向分析型管理的转变。在此基础上，浙江移动公司以战略目标为起点，建立了与企业物流、资金流、信息流和人力资源流要求相一致的经营指标体系，推行了全面预算管理。全面预算管理全面改变了公司成本效益的观念与方式，使公司从"定性管理"转向"定量管理"、从"事后核算"转向"年前控制"，使公司结合自己的优势来规划公司发展，根据成本费用结构比率调整公司内部成本费用控制体系，调整管理决策，从而量化经营发展的宏伟理想。

（2）结合相关环节强化过程控制。

浙江移动公司认为，只有将预算管理与业务规划结合，与关键绩效指标（Key Performance Indicator，KPI）体系挂钩，通过及时的滚动报告与滚动预测，才能有效提高管理水平。为此，浙江移动公司将全面预算工作与公司全年的发展课题相结合，结合 PDCA 循环，通过对管理制度和流程的一系列改进，完善预算管理体系。

年初，浙江移动公司各部门根据全年的战略目标，确定业务、服务、网络等发展课题，同时依据发展课题及其关键措施，确定收入、成本等完整的预算指标，最终形成业务预算、资本投资预算、资金利润预算、薪酬福利预算和管理费用预算，从而进一步优化资源配置。

浙江移动公司提出的预算规则是：战略规划是起点，保本、保利是基础，目标多元化（财务、业务）是要点，量入为出、以收抵支是关键。同时，浙江移动公司在预算过程中引入了 PDCA 循环，构建了以发展课题为基础的"计划—预算—记录/分析—监控"闭环的预算管理体系。在预算编制过程中，一方面以发展课题为基础，另一方面引入预算招标法，由公司将全年的总经营目标预算及计分考核方法进行挂牌公布，各预算责任中心根据自身实际情况以及承担的课题情况进行竞投，从而使公司的现金流、盈利能力和成长能力三者达到平衡。

依据 PDCA 循环法则，浙江移动公司设立多级预算控制体系，将各责任中心的一切收支纳入预算，加大考核力度，合理控制各项成本费用开支；通过对预算执行情况分析，对公司业绩进行评价，为公司下一阶段的经营预测提供依据。

在预算编制过程中，浙江移动公司坚持做到四个"结合"——结合经济发展环境、结合市场竞争形势、结合公司经营战略、结合统计分析数据；实现两个"零"——管理费用零增长和非生产性投资零增长；做到一个"匹配"——市场营销费用增长与收入增长相匹配；做到一个"控制"——网络费用支出的合理控制。

6.2 业务预算与现金预算

业务预算是指有关业务收入和业务费用的预算，即企业各项具有实质性的基本活动的预算。在工业系统，它主要包括直接材料的采购预算、生产预算、销售预算、直接人工预算、工厂间接费预算、单位产品工厂成本预算以及管理费用预算等。在商业系统，它包括商品流通费中的运杂费预算、保管费预算、包装费预算、利息预算、工资预算以及其他费用预算等。业务预算与现金预算构成预算的两个大类别。

现金预算是反映预期内企业现金流转状况的预算。这里所说的现金，包括企业库存现金、银行存款等货币资金。编制现金预算的目的是合理地处理现金收支业务、调度资金，保证企业财务处于良好状态。现金预算包括现金收入、现金支出、现金的多余或不足。

6.2.1 以销售为起点的预算管理模式

以销售为起点的预算管理模式是按"以销定产"的体系编制的。根据销售预算考虑期初、期末存货的变动来安排生产，以及时供应并合理配置各项资源，促进生产顺利进行。在考核时以销售收入作为主要考核指标。以销售为起点的预算管理模式的体系如图6-4所示。

以销售为起点的预算管理模式编制程序如下：

（1）企业根据市场销售预测，参考企业预算期间的目标利润，采用科学的方法，合理地确定预算期间企业的销售指标。

（2）各部门在销售预算的基础上，编制采购、生产、存货和成本费用预算。

（3）财务部门结合所掌握的各种信息，在销售预算、成本费用预算的基础上，编制利润预算，确定企业预定期内可望获取的利润。

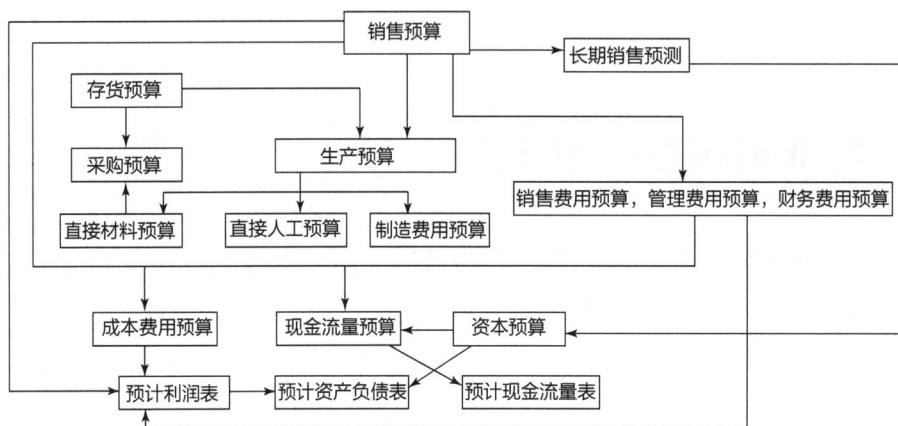

图6-4　以销售为起点的预算管理模式的体系

以销售为起点的预算管理模式的预算体系，主要包括：销售预算、生产预算、存货预算、成本费用预算和现金流量预算等。这种模式主要适用于以快速增长为目标的企业、处于市场增长期的企业、季节性经营的企业。

以销售为起点的预算管理模式的优缺点如表6-1所示。

表6-1　以销售为起点的预算管理模式的优缺点

优点	缺点
符合市场需要，能够实现以销定产。有利于减少资金沉淀，提高资金使用效率。有利于不断提高市场占有率，使企业快速增长	可能会造成产品过度开发，不利于企业长远发展。可能会忽略成本降低，不利于提高企业利润。可能出现过度赊销，增加企业坏账损失

6.2.2　以现金为起点的预算管理模式

以现金为起点的预算管理模式，主要是依据企业现金流量进行预算管理的一种模式。现金流量是这种预算管理模式的起点和关键所在。这种预算管理模式以现金收支平衡为起点，分别编制各种收入预算和支出预算，编制流程如下。

（1）资金管理部门根据各责任单位的责任范围，下达现金预算应包括的内容等相关规定。

（2）各责任单位根据资金管理部门的要求和自身的实际情况，编制相应的现金流量预算并向上级报告。

（3）预算管理部门将各责任单位编制的现金流量预算进行汇总，按照"量入为出"的原则进行统筹安排，并将预算的调整数与各责任单位进行协商。

以现金为起点的预算管理模式，主要由以下几项组成。

（1）现金流量预算：按照收付实现制的原则来全面反映企业生产经营活动的一种预算。现金流量预算依据的数据资料主要有：业务预算、资本预算、利润预算或预计利润表、筹资计划及现金收支的历史资料等。编制的方法主要有：现金收支法和净收益调整法。

（2）经营预算：其包括销售预算、生产预算、供应预算、成本费用预算以及利润预算等各项预算。

（3）资本预算：其包括固定资产支出预算、对外投资支出预算。

（4）筹资预算：根据经营预算、资本预算、筹资渠道合理编制筹资预算。

以现金为起点的预算管理模式，以现金净流量为考核指标，以利润和销售收入为辅助考核指标。它的优缺点如表6-2所示。

表6-2 以现金为起点的预算管理模式的优缺点

优点	缺点
适用于资金比较紧张、财务比较困难的企业和处于衰退市场的企业。有利于避免财务危机，防范财务风险	可能过于保守，因而错过企业发展的有利时机

案例 某钢铁企业现金预算管理

某钢铁企业的现金流量预算根据"以收定支，与成本费用匹配"的原则，采取零基预算的方法，按收付实现制反映企业业绩。在编制过程中，采取自上而下的方式，由资金管理部门制定统一的格式，并对各部门的子项目进行细化，对所有数据均要求提供计算公式及对应的业务量，由各预算责任部门根据成本费用预算编制现金流量预算。

由资金管理部门汇总评审后报预算委员会审查，其间经过多次上下沟通、平衡，并与企业的经营目标相对应，最后形成企业年度现金流量预算。

同时，根据企业年度预算制定各部门的动态现金流量预算。各部门在执行预算的过程中，需按月上报执行情况，由资金管理部门汇总各部门的资金使用情况，跟踪分析，及时反馈信息，以利于各部门调整现金流量。

对于现金流量预算的调整，该钢铁企业建立了逐项申报、审批制度，由预算责任部门提出申请，资金管理部门提出调整意见，预算委员会批准。预算调整分为预算内调整和预算外调整：预算内调整指总流量不变，在某些项目或部门间调整。各部门始终执行最新调整过的预算，以确保统一口径，即时跟踪经营情况的变化。

对于现金流量预算的监督、考核，则根据各部门现金流量使用的特点，构建以预算为基准的指标考核体系。由资金管理部门根据各部门的实际执行预算的业绩，按月、季、半年及年度进行分析，提出相关建议。对预算编制部门考核预算制定精度，对预算执行部门考核预算完成情况。有效的监督、考核手段为提高企业资金使用效率、促进有效使用资金打下了良好的基础。

6.3　两种先进的财务预算方法

财务预算是一系列专门反映企业未来一定预算期内财务状况和经营成果，以及现金收支等价值指标的各种预算的总称。对于非财务经理来说，财务预算是整个预算制度成功的关键，有助于财务目标的顺利实现。

下面是两种先进的财务预算方法。

6.3.1　以利润为起点的预算管理模式

以利润为起点的预算管理模式，以利润最大化作为预算编制的核心，预算编制的起点和考核的主要指标都是利润。其预算体系主要包括利润预算、收入预算、成本费用预算、现金预算，如图6-5所示。

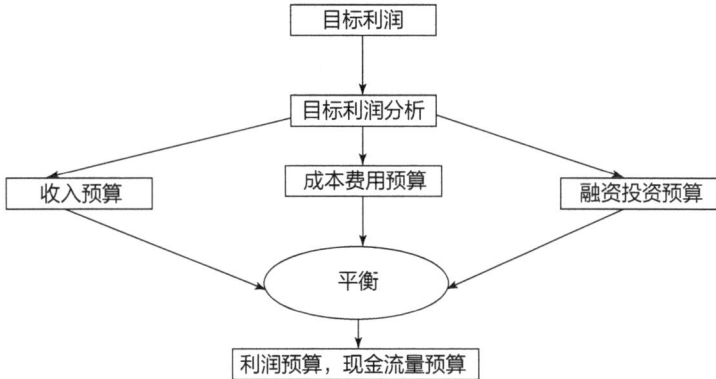

图6-5　以利润为起点的预算管理模式的体系

在以利润为起点的预算管理模式下，利润预算的确定是关键。编制预算的关键点就是确定利润数。

以利润为起点的预算管理模式主要适用于以下企业或机构：以利润最大化为目标的企业、大型企业集团的利润中心。

以利润为起点的预算管理模式的优缺点如表6-3所示。

表6-3　以利润为起点的预算管理模式的优缺点

优点	缺点
有助于使企业管理方式由直接管理转向间接管理。有助于明确工作目标。有助于增强企业集团的综合盈利能力	可能引发短期行为，使企业只顾编制年度利润预算，忽略长远发展。可能引发冒险行为，使企业只顾追求高额利润，增加企业的财务风险和经营风险。可能引发虚假行为，使企业通过一系列手段虚降成本，虚增利润

6.3.2　以成本为起点的预算管理模式

以成本为起点的预算管理模式是指预算编制以成本预算为起点，预算控制以成本控制为主轴，预算考评以成本为主要考评指标的预算管理模式。其体系如图6-6所示。

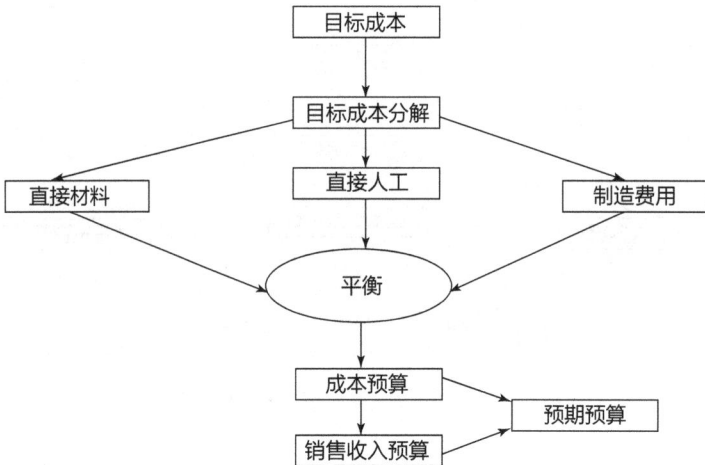

图6-6　以成本为起点的预算管理模式的体系

以成本为起点的预算管理模式的适用对象：产品处于市场成熟期的企业、大型企业集团的成本中心。

该预算管理模式的优缺点如表6-4所示。

表6-4　以成本为起点的预算管理模式的优缺点

优点	缺点
有利于促进企业不断降低成本，提高盈利水平。有利于企业采取低成本扩张战略，扩大市场占有率，提高企业成长速度	可能会只顾降低成本，而忽略新产品开发；可能会只顾降低成本，而忽略产品质量

6.4　投资、筹资预算如何编制

投资预算是对企业固定资产的购置、扩建、改造、更新等编制的预算。投资预算具体反映为在何时进行投资、投资多少、资金从何处取得、何时可获得收益、每年的现金净流量为多少、需要多少时间收回全部投资等。由于对厂房和设备等固定资产的投资需要很长时间才能收回，所以应将投资预算与企业战略和长期计划紧密联系在一起进行考量。

筹资预算是指企业在预算期内对新借入的长期借款、短期借款、经批准使用的债券以及对原有借款、债券还本付息的预算。

6.4.1　长期投资预算的编制

长期投资预算编制是根据已确定的投资方案所编制的分年度的长期资金收支计划。

（1）长期投资预算的内容。

①固定资产投资预算：企业在预算期内为购建、改建、扩建、更新固定资产而进行资本投资的预算。其根据投资决策资料和预算期固定资产投计划编制。

②权益性资本投资预算：企业在预算期内为获得其他企业的股权及收益分配权而进行资本投资的预算。其根据投资决策资料和预算期权益性资本投资计划编制。

③无形资产投资预算：企业在预算期内为取得专利权、非专利技术、商标权、著作权、土地使用权等无形资产而进行资本投资的预算。其根据预算期无形资产投资计划编制。

④债券投资预算：企业在预算期内为购买国债、企业债券、金融债券等而进行资本投资的预算。其根据企业有关投资决策资料和证券市场行情编制。

（2）长期投资预算管理。

长期投资预算是对长期投资活动的总体安排，属于计划范畴。长期投资预算管理是指企业运用预算方式对预算期内的长期投资活动进行规划、测算、评价、论证、决策和描述，并以长期投资预算为标准，对长期投资预算的执行过程与结果进行计量、控制、调整、分析、报告、审计的一系列程序和内容。

长期投资预算管理的程序与内容如下：

①根据投资策略，确定长期投资项目；

②进行项目测算，实施项目认证；

③按照法定程序进行项目决策；

④实施投资项目，执行长期投资预算；

⑤设立责任中心，实施责任会计核算；

⑥建立反馈制度，做好责任分析；

⑦建立审计制度，实施全方位监督；

⑧按照法定程序，做好竣工验收。

（3）长期投资预算编制步骤。

长期投资预算编制步骤如下：

①确定长期投资项目；

②明确工作事项的任务、要求以及负责人，并明确各工作事项的相互关系；

③明确工作事项的进度安排和关键事项；

④规划各工作事项的资源配置；

⑤确定各工作事项的支出预算；

⑥编制工作项目表，汇总编制项目投资总预算。

（4）固定资产投资预算。

固定资产投资预算的编制内容包括从固定资产投资项目前期准备开始，到投资项目全部建成投产为止所发生的全部购建费用预算，以及生产运行期所需的流动资金预算和针对该投资项目的筹资预算。

固定资产投资发生的费用如下。

①工程费用。工程费用指直接形成固定资产的工程项目费用，包括建筑工程费、设备购置费和安装工程费。

②其他费用。其他费用指根据有关规定应列入固定资产投资的建设费用，包括土地费、拆迁费、勘察设计费、建设单位管理费、生产筹备费等。

③预备费用。预备费用又称不可预见费，包括基本预备费和涨价预备费。

④建设期借款费用。

6.4.2 投资项目的可行性研究

投资项目的可行性研究报告的编制是确定建设项目之前具有决定性意义的工作，可以确保投资决策的合理性、技术的先进性和适应性以及建设条件的可行性，从而为投资决策提供科学依据。

（1）投资项目可行性研究的主要内容如下。

①投资必要性。一是做好投资环境分析，对构成投资环境的各种要素进行全面的分析和论证；二是做好市场调查研究，包括市场供求预测、竞争力分析、价格分析、市场细分、市场定位及营销策略论证。

②技术可行性。各行业不同项目技术可行性的研究内容及深度差别很大，要区分情况进行分析。

③财务可行性。主要从企业理财的角度进行长期投资核算，评价项目的盈利能力，进行投资决策，并从融资主体的角度评价股东投资收益、现金流量计划及偿债能力。

④组织可行性。组织可行性是指需要制订合理的项目实施进度计划，设计合理的组织结构，选择经验丰富的管理人员，保证项目建设能够顺利进行。

⑤经济可行性。经济可行性是指从资源配置的角度衡量项目的价值。

⑥社会可行性。主要分析对社会的影响。

⑦风险因素及对策。主要对项目的市场风险、技术风险、财务风险、组织风险、法律风险、经济及社会风险等风险因素进行评价，制定规避风险的对策，为项目全过程的风险管理提供依据。

（2）投资项目可行性研究报告的编制。

投资项目可行性研究报告的内容如下：总论，需求预测和建设规模，自然资源、原材料、燃料动力及公司设施情况，建厂条件及厂址选择，项目设计，环境保护、劳动保护与安全防护，工厂组织机构、劳动定员和职工培训，建设进度计划，投资与成果预算，资金来源及融资方案，效益分析与风险评价，结论与建议。

6.4.3 筹资预算的编制

筹资预算主要解决两个问题：资本筹集方式和资本需要总量及时间安排。一个项目的投资总额并不等于对外筹资总额，对外筹资总额是投资总额减去部分内源性资金（如其他营业性现金流入量、项目折旧或利润再投资等）后的净额，因此筹资预算的作用就在于事先明确项目的对外筹资总量，从而使筹资行为在事先规划的过程中为投资服务。

（1）经营资金需要量的预测。

经营资金需要量的预测包括资金增长趋势预测和资金需要增加量预测。

资金增长趋势预测：根据过去销售收入与资金量之间的相互关系，推算出未来期间资金需要量的预测值。

（2）经营筹资预算的编制方法。

①汇总经营预算中的各项现金收付事项及收付时间和金额，计算出企业预算期间经营预算的现金余缺数量。

②将根据经营预算中的现金余缺数量与经营资金需要量预测得出的资金需求量进行对比，如果两者差距较大，应进行差异分析，找出差异原因。

③对企业在预算期内各项短期债务的种类、偿还时间和偿还金额进行排列，确定预算期内企业需要偿还的原有短期债务数额。

④将经营预算中的现金余缺数量与企业在预算期内需要偿还的原有短期债务数额进行累加，确定企业预算期内的现金余缺总量。

⑤针对企业预算期内的现金余缺总量，结合对预算期资金市场总体情况的预测，制定预算期的具体方案：如果预算期现金出现节余，则应制定提前偿还借款或将节余资金投向短期债券市场的融资方案；如果预算期现金出现短缺，则应首先从企业内部挖掘自有资金潜力，如清理应收账款、盘活存量资产等，然后根据预算期资金市场情况和资金成本制定向外举债方案。

⑥组织有关人员评审预算期筹资方案。

⑦通过评审后编制经营筹资预算。

🌐 **案例　某公司固定资产投资项目可行性研究报告解读与分析**

某公司要进行一项重置设备的决策，有关资料如表6-5所示。

表6-5　重置设备的相关情况　　　　　　　　单位：元

项目	旧机器	新机器
原值	100 000	340 000
变现价值	40 000	340 000
估计今后可使用年限（年）	10	10
每年折旧	4 000	34 000
每年人工成本	50 000	40 000
每年材料成本	615 000	565 000
燃料及动力费	15 000	17 500
修理费	9 000	5 700

假定新旧机器的安装成本和残值相等，资金成本率为10%，计算净现值，并评价是否应该重置。（不考虑所得税）

增量现金流量：（新机器与旧机器比较）

原始总投资 = 340 000 − 40 000 = 300 000 （元）

旧机器年付现成本 = 50 000 + 615 000 + 15 000 + 9 000 = 689 000 （元）

新机器年付现成本 = 40 000 + 565 000 + 17 500 + 5 700 = 628 200 （元）

重置新设备，将节约的成本作为现金流入量。

净现值 = (689 000 − 628 200) × (P/A，10%，10) − 300 000

　　　　= 60 800 × 6.145 − 300 000 = 73 616 （元）

净现值为正数，因此应重置新设备。

🌐 **案例　某公司资金需要增加量预测**

已知某投资公司2020年收益为20 000万元，营业利润率为12%，将净利润的60%分配给投资者。2020年12月的资产负债表（简表）如表6-6所示。

表 6-6　资产负债表（简表）

某投资公司　　　　　　　　　　　2020 年 12 月 31 日　　　　　　　　单位：万元

资产	金额	负债及所有者权益	金额
货币资金	10 000	应付账款	1 000
应收账款	3 000	应付票据	2 000
存货	6 000	长期借款	9 000
固定资产	7 000	实收资本	4 000
无形资产	1 000	留存收益	2 000
资产合计	18 000	负债及所有者权益合计	18 000

该公司 2021 年计划收益比上一年增长 30%。为实现这一目标，该公司需新增一台管理用先进设备，价值为 148 万元。据历年财务数据，该公司流动资产与流动负债随收益额成同比例增减。假定该公司 2021 年的营业利润率和利润分配政策与 2020 年保持一致。

①计算 2021 年该公司需增加的营运资金：

2020 年流动资产占销售收入的百分比 = 10 000 ÷ 20 000 × 100% = 50%

2020 年流动负债占销售收入的百分比 = 3 000 ÷ 20 000 × 100% = 15%

2021 年增加的销售收入 = 20 000 × 30% = 6 000（万元）

2021 年增加的营运资金 = 流动资产占用资金增量 − 流动负债占用资金增量 = 6 000 × 50% − 6 000 × 15% = 2 100（万元）

②预测 2021 年需要对外筹集的资金量：

2021 年新增留存收益 = 20 000 × (1 + 30%) × 12% × (1 − 60%) = 1 248（万元）

2021 年对外筹集资金 = 148 + 2 100 − 1 248 = 1 000（万元）

第7章
非财务经理成本控制与决策方法

　　成本控制是企业经营过程中需要非财务经理重点关注的问题。因为成本影响盈利能力和市场竞争力。

7.1 成本费用分类与控制

企业成本的分类不同，控制成本的方法也不同。成本分类的方法不同，成本控制的策略也应该不同。非财务经理应从不同角度来控制成本，最终达到降低成本费用、提高盈利水平的目的，实现企业效益的最大化。

7.1.1 按成本费用项目划分

成本费用是指企业生产经营过程中所发生的各种资金耗费。按成本费用的项目来分，可以划分为两大类——制造成本与期间费用。

制造成本是指按产品分摊的、与生产产品直接相关的费用，包括直接材料、直接工资、其他直接支出和制造费用；期间费用是指在一定会计期间内所发生的与生产经营没有直接关系或关系不大的各种费用，包括管理费用、财务费用和销售费用。成本费用如表 7-1 所示。

表 7-1 按项目划分的成本费用的形态与基本内容

成本费用的形态	基本内容
直接材料	直接用于产品生产的原料及主要材料、外购半成品、辅助材料、包装物等
直接燃料和动力	直接用于产品生产的燃料和动力
直接人工薪酬	从事产品生产人员的工资及福利费
废品损失	因产生废品而发生的损失费用
停工损失	生产过程中因停工而发生的损失费用
制造费用	各生产车间为组织和管理生产而发生的各项费用
本期生产费用	本期耗用的直接费用、能源成本 + 直接人工薪酬 + 制造费用
本期完工入库产品生产成本	期初在产品成本 + 本期生产费用 - 期末在产品成本

成本费用的形态	基本内容
销售费用	企业在销售产品、自制半成品和提供劳务等过程中发生的各项费用以及专设销售机构的各项经费
财务费用	企业为筹集资金而发生的各项费用，包括生产经营期间发生的利息支出（减利息收入）、汇兑损失（减汇兑收益）和金融机构手续费，以及因筹集资金而发生的其他费用
管理费用	企业行政管理部门为组织和管理生产经营活动发生的各项费用
总经营成本	企业本期完工入库的已销产品的生产成本和期间费用之和

7.1.2 按企业内部经营管理要求划分

非财务经理需要了解的第二种分类方法，即按照企业内部经营管理要求划分，可以把成本费用划分为变动成本和固定成本两种。

变动成本是指随着产量的变化而变化的成本。比如，产品成本中的直接材料，是随着产品产量的变化而同比例变化的。固定成本是指不随产量的变化而变化的成本。比如，对车间、厂房、汽车、设备等固定资产的投资形成的成本，固定成本是固定的，并不由于生产数量出现变化而发生变化。

按企业内部经营管理要求分类的成本形态与内容如表7-2所示。

表7-2 按企业内部经营管理要求分类的成本形态与内容

成本形态	基本内容	备注
变动成本	成本总额在相关范围内随产量（业务量）增减而同比例变动的成本费用，如直接用于产品生产的材料、能源成本、外协加工费、专用费用、计件工资，以及随产品出售的内外包装材料费用	变动成本又可细分为比例变动成本、递减变动成本和递增变动成本三种
固定成本	成本总额在相关范围内与产量（业务量）变动没有直接关系或关系不大的成本费用，如计时工资、制造费用、销售费用、管理费用中的管理人员工资、办公费、差旅费、折旧费、租赁费、咨询服务费、广告费等	固定成本又可细分为约束性固定成本和选择性固定成本两种。前者一旦形成后不能轻易消除，如折旧费、租赁费等。后者可根据条件变化在较短时间内停止支付，如咨询服务费、广告费等

成本形态	基本内容	备注
混合成本	兼有变动与固定性质的成本费用，成本总额与产量（业务量）不成比例变动的成本费用	混合成本又可细分为半变动成本、半固定成本、延期变动成本
目标成本	企业根据一定时期的目标利润，预测产品成本应达到的目标水平	
可控制成本	指列入成本控制范围的成本费用，具有三个条件：能了解成本升降原因、能够计量、有能力调节	
不可控成本	受一定时间、条件的限制的成本，对某一单位来说，有的成本不能控制，如车间的固定资产折旧费	
责任成本	是现代成本管理的组成部分。责任成本制度是在企业内部确定成本控制的责任层次，实行有计划控制和考核的一种制度，它与经济责任制密切结合	成本计算对象不仅按产品，还按作业班组、机台、岗位和个人分类
质量成本	企业为确保现定的产品质量水平和实施全面质量管理而支出的成本费用，以及因未达到的质量标准而发生的损失的总和。它既包括了预防成本、检验成本、厂内损失等直接质量成本，又包含了外部质量保证成本等间接质量成本	
差量成本	由于采用某一方案而不采用另一方案所增加或减少的成本额，是对比两种方案而产生的成本差额	
边际成本	成本因产量无限小变化而变动的部分，即产量增加或减少一个单位所引起的成本变动。差量成本可以看作边际成本理论概念的实际表现形式	
机会成本	制定经营决策时，从多种可供选择方案中选取一种最优方案，必然放弃次优与最差的方案，把放弃的方案可能取得的收益，称为最优方案的机会成本。只有考虑已失去机会可能产生的收益，才能对最优方案的经济收益进行全面的评价	

7.1.3 监控成本费用支出

了解了成本费用分类之后，我们再看如何控制成本费用。

（1）从范围上，严格监控非直接生产性开支。

非直接生产性开支主要是用于企业间接人员和行政管理方面的费用。虽然非直接生产性开支对企业的产品制造和销售没有直接作用，但是其中有些开支对企业的生产经营来说是没有必要的，相当数量的费用并不是必需的。比如过多的间接人员、不必要的差旅费、办公费等；不过，有一些费用是必要的，如修理费、业务招待费、利息支出等，经过调整也可以减少。

（2）从时间上，把握费用支出时机。

控制费用开支，一是指控制数量，二是指控制时间，因为今天的一元与一年后的一元是不等值的。从降低成本费用的角度看，能晚开支的，就不要早开支；能采用分期付款和延期付款且延期付款的利率低于企业资金利润率的，就尽量采用分期付款或延期付款；能用商业汇票结算的，就要积极采用商业汇票结算，以减少企业资金的占用，降低流通费用。

（3）从内容上，重点监控采购支出。

监控采购支出包括监控采购数量、采购质量和监控价格。

监控采购数量的方法是必须按计划采购。物资供应部门要按生产计划的要求，逐月编制采购数量计划。采购数量计划是按生产量、材料消耗定额，以及期初和期末库存定额等标准和数量编制的。要坚决抵制超计划采购，防止库存积压。

监控采购质量要求采购的物资必须符合产品设计和制造的质量标准要求，严把进货质量关，严格执行进场材料化验、检验制度。对于质量不合格的原材料，价格再低也不能要。

监控价格。由于采购价格是采购支出中最容易出问题的地方，因此必须做到三点：一是采取货比三家，择优采购的方法；二是采用招标采购的方法；三是建立采购抽查制度和内部控制制度。

7.1.4　控制物质资源消耗

要控制企业物质资源消耗，非财务经理可以从以下几个方面入手。

第一，改进工艺，从源头上降低物料消耗。运用先进的科学技术，不断地改进产品设计，不断地提高工艺水平，这有利于降低物资消耗。高科技产品的特点之一就是物资构成少、科技含量高，其价值更多地取决于科技含量，而不是物质实体。对于传统行业的传统产品，采用无加工、少加工、标准化、通用化等措施，可起到减少物耗、降低成本的作用。

第二，制定合理的物资消耗定额。这是衡量物资消耗的尺度，也是控制物资消耗的有力工具。

第三，采取相应方法控制物资消耗。例如，建立完善的物资消耗计量工作；做好物资消耗的统计工作；建立健全物资消耗奖励制度；加强质量管理，减少废品损失；等等。

7.1.5 控制人力资源消耗

非财务经理在控制人力资源消耗时，主要考虑两点。

一是要充分发挥人力资源作用，使人力资源创造出最大的效益。

二是控制人力资源的浪费现象：建立企业内部的竞争机制和激励机制；合理定员定编，减少人力资源的浪费；制定合理的劳动定额。

7.1.6 博弈分析法

博弈分析法运用数学方法研究对抗性局势，选择最佳竞争策略，以便在竞争中获得最大期望利益或发生最小期望损失。例如，战国时齐王与田忌赛马，田忌以下等马对齐王的上等马、中等马对齐王的下等马、上等马对齐王的中等马，输一胜二。

在成本决策中，最大最小化原理是选择降低产品成本，提高经济效益的最佳方案。从某种意义上讲，比较就是竞争。

案例　博弈分析法的应用

某厂需要储备燃料以供冬季使用，该燃料在正常气温下要消耗 3 吨，在较暖或较冷的气温下，分别消耗2吨和4吨。燃料在较暖、正常、较冷气温的条件下，每吨价格分别为100元、150元、200元，目前（秋季）的价格为100元。利用博弈分析法，可以确定秋季燃料采购最优策略，使燃料采购成本最低，如表7-3所示。

表7-3 燃料采购成本博弈分析　　　　单位：元

甲	乙		
	冬季气温		
	偏暖	正常	偏冷
2吨	$2 \times 100 = 200$	$200 + 1 \times 150 = 350$	$200 + 2 \times 200 = 600$
3吨	$3 \times 100 = 300$	$300 + 0 = 300$	$300 + 1 \times 200 = 500$
4吨	$4 \times 100 = 400$	$400 + 0 = 400$	$400 + 0 = 400$

分析如下：局中人甲（某厂）以2吨、3吨、4吨分别作为3个采购策略；局中人乙（分析人）将偏暖、正常和偏冷分别作为3种冬季气温。

方案一，秋季购入2吨，采购成本为200元；冬季气温正常需耗3吨，追加1吨、成本为150元，采购总成本350元；冬季气温偏冷需耗4吨、追加2吨、成本为400元，采购总成本为600元。

方案二，秋季购入为3吨，采购成本为300元；冬季气温正常需耗3吨，无须追加，采购总成本还是300元；冬季气温偏冷需耗4吨，追加1吨、成本为200元，采购总成本为500元。

方案三，秋季购入4吨，采购成本为400元；冬季气温正常需耗3吨，超储1吨，采购总成本还是400元；冬季气温偏冷需耗4吨，无须追加，采购总成本为400元。

可见，方案三下，虽在气温正常时超储，但在偏冷时采购成本最低，超储成本远远低于减少的采购成本。所以，方案三最优。

7.2 如何分析保本点（盈亏平衡点）与产品定价

保本点，又称盈亏平衡点，是财务中一个很重要的概念，通常是指全部销售收入等于全部成本时（销售收入线与总成本线的交点）的产量。保本点是判断一家企业盈亏情况的有力工具，当销售收入高于保本点时企业盈利，相反，企业就亏损。

7.2.1 保本点（盈亏平衡点）分析

盈亏平衡点可以用销售量来表示，即盈亏平衡点的销售量；也可以用销售额来表示，即盈亏平衡点的销售额，如图7-1所示。

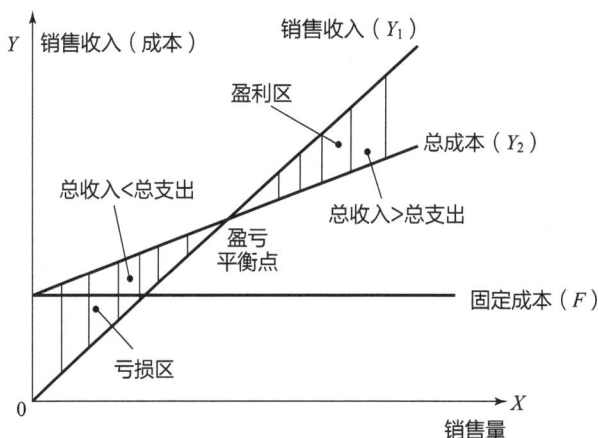

图7-1 盈亏平衡点

（1）如何理解盈亏平衡点。

为了让大家更好地理解盈亏平衡点，下面我们通过案例来讲解。

老李经营一家 M 记餐厅，最近他遇到了这样的困惑，每天来吃饭的顾客不

少，但结算时发现竟然没有赚到钱。为此，老李很困惑，希望我们为他的餐厅找到问题所在。

一般来说，餐饮行业是用营业额作为衡量标准的，也就是达到这个营业额以前，餐厅处于亏损状态；超过这个营业额，就可以获得利润了。

餐厅饮店面营业额的最低要求就是盈亏平衡点的营业额，也叫保本额。

营业额＞盈亏平衡点的营业额，店面不会亏损；营业额＜盈亏平衡点的营业额，店面产生亏损。

我们了解到老李的 M 记餐厅的固定成本主要有租金、物业管理费、人工成本等。

月租金＋月物业管理费＝5 万元

月人工成本：后厨人员每月工资（5 000 元/人×8 人）＋前厅人员每月工资（5 000 元/人×12 人）＝10 万元

固定成本＝月租金＋月物业管理费＋月人工成本＝5＋10＝15（万元）

通过以上的计算过程，我们可以算出老李的 M 记餐厅每个月要赚到 15 万元才能弥补开支。按照餐饮行业多数菜品为 50% 的毛利率来计算，要达到盈亏平衡点，则：

月营业额＝固定成本÷毛利率＝15÷50%＝30（万元）

也就是说，老李的 M 记餐厅每个月至少要销售 30 万元的菜品，收支才能平衡。

分摊到每一天（按 30 天计算）：

日营业额＝月营业额÷天数＝30÷30＝1（万元）

M 记餐厅要想达到收支平衡，每天需要达到 1 万元的日营业额。也就是说，老李的 M 记餐厅每天要达到 1 万元以上的营业额才能开始盈利。算出盈亏平衡点，老李就可以分析一下他营业以来的情况，如果餐厅长期达不到盈亏平衡点，餐厅需要在哪些方面进行调整或者及时止损。

不过，在实际经营过程中，盈亏平衡点会涉及很多具体的数据，不同的阶段选取的参考标准也不一样。所以，只有注意具体数据的变化，计算出来的盈亏平衡点才有参考价值。

看到这里，我们终于知道 M 记餐厅赚不到钱的原因了。日营业额达到 1 万元才能开始盈利。盈亏平衡点对企业管理很重要，可以帮助企业制定更准确的目标。

（2）计算盈亏平衡点的几种方法。

那么，如何计算盈亏平衡点？盈亏平衡点的分析如图 7-2 所示。

营业收入 $P \times X$
可变成本 $V \times X$
利润贡献 $(P - V) \times X$
固定成本 F
利润 $[(P - V) \times X] - F$

盈亏平衡点：利润贡献 = 固定成本

P：单价
V：单位可变成本
F：固定成本
X：销售数量
X^*：盈亏平衡点

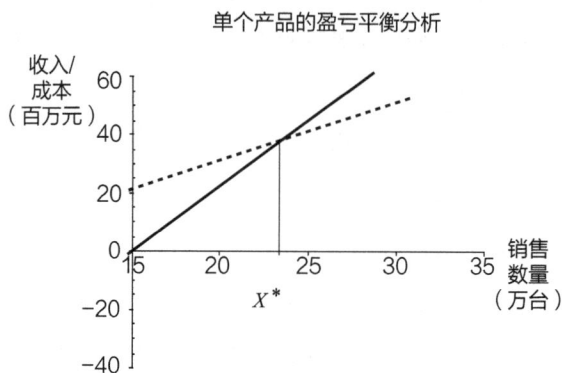

图 7-2 盈亏平衡点的分析

①根据固定费用、产品单价与变动成本计算保本产量的盈亏平衡点，如表 7-4 所示。

表 7-4 计算保本产量的盈亏平衡点

项目	单位	金额
固定成本/固定费用	元	20 000
产品单价	元	10
材料成本/变动成本	元	5
产量为多少才能保本		4 000

盈亏平衡点产量 = 固定费用 ÷（产品单价 - 变动成本）

②根据产量与目标利润计算最低售价的盈亏平衡点，如表 7-5 所示。

表 7-5 计算最低售价的盈亏平衡点

项目	单位	金额
生产多少台产品保本		
固定费用	万元	2 700
产品单价	元	800
单位变动成本	元	600
盈亏平衡点/年需销售	万台	13.5
计算最低售价的盈亏平衡点		
年产量	万台	12
目标利润	万元	40
产品最低售价	元	828.333 3
售价 = [（固定费用 + 目标利润）+（产量 × 单位变动成本）] ÷ 产量		

某企业生产甲、乙、丙 3 种产品，资料如表 7-6 所示。要求：用加权平均法计算该企业综合保本额及各产品保本点。

表 7-6 某企业 3 种产品有关资料

项目	销售量/台	单价/元	单位变动成本/元
甲	100 000	10	8.5
乙	25 000	20	16
丙	10 000	50	25
固定成本总额	300 000		

①计算各产品贡献毛益率。

甲产品 =（10 - 8.5）÷ 10 = 15%

乙产品 =（20 - 16）÷ 20 = 20%

丙产品 =（50 - 25）÷ 50 = 50%

②计算各产品销售收入百分比。

甲产品 =（100 000 × 10）÷（100 000 × 10 + 25 000 × 20 + 10 000 × 50）= 50%

乙产品 =（25 000 × 20）÷ 2 000 000 = 25%

丙产品 =（10 000 × 50）÷ 2 000 000 = 25%

③计算加权平均贡献毛益率。

加权平均贡献毛益率 = （50% × 15% + 25% × 20% + 25% × 50%）× 100% = 25%

④计算综合保本点销售额。

综合保本点销售额 = 300 000 ÷ 25% = 1 200 000 （元）

⑤计算各产品保本点销售额。

甲产品 = 1 200 000 × 50% = 60 000 （元）

乙产品 = 1 200 000 × 25% = 300 000 （元）

丙产品 = 1 200 000 × 25% = 300 000 （元）

⑥计算各产品保本点销售量。

甲产品 = 600 000 ÷ 10 = 60 000 （台）

乙产品 = 600 000 ÷ 20 = 30 000 （台）

丙产品 = 600 000 ÷ 50 = 12 000 （台）

在其他条件不变的情况下，增加贡献毛益率高的产品的销售比重，降低贡献毛益率低的产品的销售比重，就能提高加权平均贡献毛益率水平，从而达到降低全公司综合保本点销售额的目的。

7.2.2　产品定价分析

一般，产品定价分析方法如下。

（1）一般产品定价分析方法。

完全成本定价法是在按完全成本法计算的产品成本的基础上，加上一定的目标利润制定产品销售价格的方法。销售单价的计算公式如下。

$$销售单价 = 单位产品完全成本 + 单位目标利润额$$
$$= 单位产品完全成本 × （1 + 成本利润率）$$

例如，甲公司生产某产品 10 000 件，该产品预计单位变动成本为：直接材料 6 元，直接人工 4 元，变动制造费用 3 元。固定成本总额为 40 000 元；预计目标利润为完全成本的 10%。

要求：制定该产品的单位销售价格。

解：单位产品完全成本 $= 6 + 4 + 3 + 40\,000 \div 10\,000 = 17$ （元）

单位产品销售价格 $= 17 \times (1 + 10\%) = 18.7$ （元）

此法不但简便易行，而且能使企业目标利润得以实现。

变动成本加成定价法是以产品的变动成本为基础，加上一定数额的边际贡献作为制定产品销售价格的方法。其计算公式如下。

单位销售价格 = 单位变动成本 + 预计单位边际贡献

= 单位变动成本 ÷ 预计变动成本率

= 单位变动成本 ÷ （1 - 预计边际贡献率）

例如，某公司甲产品单位成本资料如下。（单位：元）

直接材料	600
直接人工	200
变动制造费用	100
固定制造费用	300
变动销售和管理费用	100
固定销售和管理费用	100
合计	1 400

要求：采用变动成本加成定价法确定该产品的销售价格，假设该产品预计边际贡献率为20%。

解：甲产品单位变动成本 $= 600 + 200 + 100 + 100 = 1\,000$ （元）

单位销售价格 $= 1\,000 \div (1 - 20\%) = 1\,250$ （元）

（2）薄利多销的定价策略。

薄利多销的定价策略是为了扩大产品销量而主动降低价格的促销手段。薄利多销的实质是降价、多销、增利。

薄利多销的决策程序如下。

①在现价的基础上，制定若干个不同幅度的降价方案。

②测定各降价方案和可能达到的销售量。

③根据各降价方案期望销量，依次计算其增量收入、增量成本和增量

利润。

④以使增量利润最接近于零而又不小于零的价格为定价。当增量利润为最小值时，企业利润最大。

例如，某产品售价为20元，现在每月预计销量为240件。产品单位变动成本为10元，固定成本为400元。如果价格下降到18元、16元、14元、12元，预计销售量分别增加为310件、390件、460件、540件。计算销售产品价格应为多少可使企业利润最高？表7-7所示为该产品价格和销售量变动后的利润金额。

表7-7 某产品价格和销售量变动后的利润金额

销售价格/元	预计销量/件	销售收入/元	变动成本/元	固定成本/元	成本合计/元	增量收入/元	增量成本/元	增量利润/元	利润/元
20	240	4 800	2 400	400	2 800				2 000
18	310	5 580	3 100	400	3 500	780	700	80	2 080
16	390	6 240	3 900	400	4 300	660	800	-140	1 940
14	460	6 440	4 600	400	5 000	200	700	-500	1 440
12	540	6 480	5 400	400	5 800	40	800	-760	680

非财务经理需要了解的薄利多销可行性分析方法如下。

企业实现薄利多销，必须考虑现有生产能力及盈利能力，在此基础上对各调价方案进行可行性分析。

保利量分析法是利用调价后预计销量与保利点销量之间的关系进行调价决策的分析方法。保利点销量是为确保某种产品原盈利能力在调价后至少应达到的销量指标，计算公式如下。

$$保利点销量 = \frac{固定成本 + 调价前利润}{拟调单价 - 单位变动成本}$$

调价方案可行性判断标准：最大生产能力≥预计销量>保利点销量。

例如，某企业生产甲产品，其售价为20元，可销售2 000件，固定成本为6 000元，变动成本为12元，企业现有最大生产能力为3 800件。

甲产品售价调低为17元，预计销量可达到3 310件。

甲产品售价调低为 16 元，预计销量可达到 4 000 件。

甲产品售价调低为 16 元，预计销量可达到 4 600 件，但企业只有追加 1 000 元固定成本才有生产 4 600 件产品的生产能力。

要求：调价前利润 = (20 - 12) × 2 000 - 6 000 = 10 000（元）

方案一：保利点销量 = (6 000 + 10 000) ÷ (17 - 12) = 3 200（件）

最大生产能力 3 800 件 > 预计销量 3 310 件 > 保利点销量 3 200 件，此方案可行。

方案二：保利点销量 = (6 000 + 10 000) ÷ (16 - 12) = 4 000（件）

最大生产能力 3 800 件 < 预计销量 4 000 件 = 保利点销量 4 000 件，此方案不可行。

方案三：保本点销量 = (6 000 + 1 000 000 + 10 000) ÷ (16 - 12) = 4 250（元）

最大生产能力 4 600 件 = 预计销量 4 600 件 > 保本点销量 4 250 件，此方案可行。

利润增量法是指如果在成本水平不变、生产能力许可的前提下，可通过计算调价后的利润增量来判断方案的可行性的分析方法。其计算公式如下。

利润增量 = 价格调低后销量变动带来的边际贡献增加额 - 按调价前销量计算的价格降低带来的销售收入减少额

　　　　 = (调价后价格 - 单位变动成本) × 销量增加额 - 价差 × 调价前销量

例如，按照上面案例中有关内容及方案一，要求用利润增量法进行调价决策。

解：调价后价格为 17 元，单位变动成本为 12 元。

销量增加额 = 3 310 - 2 000 = 1 310（件）

价差为 3 元，调价前销量为 2 000 件、售价为 20 元。

利润增量 = (17 - 12) × 1310 - 3 × 2 000 = 550（元）

价格调低为 17 元，销量增加到 3 310 件，可使企业利润增加 550 元，此方案可行。

7.3　如何从成本分析看企业竞争力

当前，企业之间的竞争日益激烈。在这种背景下，每家企业都希望通过降低成本来提升利润，从而增强企业的竞争力。

因此，企业管理者，特别是非财务经理要想更好地应对市场竞争压力，就要学会科学分析自身各项成本构成及影响利润的关键要素，以便找到成本控制的核心思路和关键环节。

7.3.1　比较分析法

比较分析法是将两个或两个以上相关指标进行对比，从数量上确定差异的一种分析方法。

将本期实际成本指标与本期计划成本指标或定额指标对比，分析成本计划或定额的完成情况。

将本期实际成本指标与前期（上期、上年同期或历史先进水平）的实际成本指标对比，观察企业成本指标的变动情况和变化趋势，了解企业生产经营工作的改进情况。

将本企业实际成本指标与国内外同行业先进指标对比，可以在更大的范围内找差距，推动企业改进经营管理。

7.3.2　比率分析法

比率分析法是指先把需对比的数值变成相对数，求出比率，然后进行数量分析的一种方法。

（1）相关比率分析，将两个性质不同但又相关的指标对比求出比率，然后将实际数与计划（或前期实际）数进行对比分析。例如，销售成本率和成本利润率，其计算公式如下。

$$销售成本率 = 营业成本 \div 营业收入 \times 100\%$$

$$成本利润率 = 营业利润（或利润总额）\div 营业成本 \times 100\%$$

（2）构成比率分析，是指某项经济指标的各个组成部分占总体的比重。例如，直接材料成本构成比率，其计算公式如下。

$$直接材料成本构成比率 = 直接材料成本 \div 产品成本 \times 100\%$$

7.3.3　连环替代法

连环替代法是一种用来计算几个相互联系的因素对综合经济指标变动影响程度的分析方法。连环替代法的实施步骤如下。

第一，确定影响某项经济指标完成情况的因素，按其依存关系列出关系式。

第二，以基数（计划数或上年实际数）为计算基础。

第三，按照公式中所列因素的顺序，逐次以各因素的实际数替换其基数，每次替换后实际数就被保留下来。有几个因素就替换几次，直到所有的因素都变成实际数为止。

第四，将每次替换后的所得结果，与其前一次计算结果相比较，两者的差额就是某一因素变动对综合经济指标变动的影响程度。

第五，将各因数的影响数相加，其代数和就是被分析指标实际数与基数的总差异数。

7.3.4　主要技术经济指标变动对成本影响的分析

主要技术经济指标变动对成本影响的分析如下。

（1）材料利用率变动对产品成本的影响。

材料通过加工，一部分形成产品、一部分变成废品、一部分被损耗。每单位材料产出多少产品被称为材料利用率（或成材率）；生产每一单位产品需要消耗多少材料，被称为材料消耗定额。相关计算公式如下。

$$材料利用率 = 产成品数量（重量）\div 材料消耗量（重量）$$

单位产品材料消耗量＝材料耗用总量÷产成品数量

产成品数量（重量）＝材料耗用总量×材料利用率

（2）劳动生产率变化对产品成本的影响。

劳动生产率提高和薪酬水平（包括社会保险）提高，都会对产品成本产生影响。它们之间的计算公式如下。

劳动生产率提高（％）＝（单位产品计划消耗工时－单位产品实际消耗工时）÷

单位产品实际消耗工时×100%

小时薪酬率提高（％）＝（实际小时薪酬率－计划小时薪酬率）÷

计划小时薪酬率×100%

单位产品成本降低率＝［劳动生产率提高（％）－小时薪酬率提高（％）］÷

1＋劳动生产率提高（％）×计划薪酬费用占成本的

比例（％）

小时薪酬率＝薪酬总额÷生产工时总数

生产工时总数分为计划生产工时数和实际生产工时数两种。其计算公式分别如下。

计划生产工时数＝工作人数×制度工时数×计划出勤率×计划工时利用率

实际生产工时数＝实际工作人数×实际每人工作时数×

实际出勤率×实际工时利用率

（3）设备利用率变化对产品成本的影响。

反映设备利用率的指标及对应的计算公式如下。

设备时间负荷率＝实际工作时间÷最大可能工作时间×100%

设备强度负荷率＝单位时间实际完成产量÷单位时间最大可能产量×100%

设备综合负荷率＝设备时间负荷率×设备强度负荷率×100%

设备综合负荷率＝期间实际产量÷期间最大可能产量×100%

产品产量＝期间最大可能产量×设备综合负荷率

例如，A设备的计划和实际相关信息如表7-8所示。

表7-8 A设备的计划和实际相关信息

项目	核定生产能力 （吨/月）	设备时间负荷率 （%）	设备强度负荷率 （%）	产量 （吨/月）
计划	20 000	85	90	15 300
实际	20 000	87	86	14 964

①计划产量 = 20 000 × 85% × 90% = 15 300（吨）

②以实际设备时间负荷率替代计划 = 20 000 × 87% × 90% = 15 660（吨）

③以实际设备强度负荷率替代计划 = 20 000 × 87% × 86% = 14 964（吨）

由② − ①可知，设备时间负荷率变动使产品产量增加360吨。

由③ − ②可知，设备强度负荷率变动使产品产量减少696吨。

两个因素的变化共同使实际月产量比计划月产量减少336吨。

假定月计划固定费用为40万元，产量变化对单位成本的影响的计算公式如下。

对单位产品成本的影响 =（对产量的影响 ÷ 实际产量）×（计划固定费用 ÷ 计划产量）

设备时间负荷率变动对单位成本的影响

=（360 ÷ 14 964）×（400 000 ÷ 15 300）= 0.63（元）（降低）

设备强度负荷率变动对单位成本的影响

=（−696 ÷ 14 964）×（400 000 ÷ 15 300）= −1.22（元）（提高）

案例 全球制高点——格兰仕低成本提高企业竞争力

（1）格兰仕具有明显的成本优势。虽然如此，但是它并没有选择提高价格，这是因为格兰仕致力于通过扩大生产规模、提高生产线利用率、降低单位成本来争取市场份额。格兰仕能够打"价格战"的原因就是能够获取规模效益，但是从另外一个角度来看，与规模扩大伴生的就是固定投资的增多。

企业中，投资占比最大的是设备投资，制造企业尤其如此。设备投资占比过大，不仅会影响企业现金流，而且固定资产的折旧也会导致价格竞争力的下滑。因此，格兰仕选择了一条有利于降低成本的道路——不收购国外企业或者生产线，不动用自有资金投资固定资产，而是将别人的生产线搬到了我国，并用筹资融资吸引来的资金建厂。采取虚拟联合规模扩张的方法使得格兰仕的规模不断地扩大，提高了生产效率、降低了生产成本。薄利多销、货真价实、价廉物美，这就是格兰仕敢于打"价格战"的原因。

（2）成本的产生：依次来自设计、采购、人工、库存、配送。一般而言，主要有料、工、费三项。料即原材料的耗用，生产商品肯定要耗用材料；工即人工费，要有员工操作才能生产；费即费用，生产商品会发生一些辅助费用，如车间的水电费、维修费等。

（3）分析降低成本的途径：从设计方面控制成本、从采购方面控制成本、从人工方面控制成本、从库存方面控制成本、从配送方面控制成本。

案例　沃尔玛成本领先战略的成本控制与分析

沃尔玛发展壮大的一个重要原因是成功运用了成本领先战略并予以正确实施。

沃尔玛的经营策略是"天天平价，始终如一"，即所有商品（非一种或若干种商品）在所有地区（非一个或一些地区）常年（非一时或一段时间）以最低价格销售。为做到这点，沃尔玛在采购、存货、销售和运输等商品流通环节，采取各种措施将流通成本降至行业最低，把商品价格保持在最低价格线上。沃尔玛降低成本的具体举措如下。

第一，将物流循环链条作为成本领先战略实施的载体。

（1）直接向工厂统一购货和协助供应商降低成本，以降低购货成本。

沃尔玛通过直接购货、统一购货和协助供应商降低成本三者结合的方式，实现了完整的全球化适销品类的大批量采购，形成了低成本采购优势。

直接购货：零售市场的很多企业为规避经营风险而采取代销的经营方式，沃尔玛却实施直接购货，并对货款结算采取固定时间、决不拖延的做法（沃尔玛的平均"应付期"为29天，竞争对手凯玛特的平均"应付期"为45天）。这种购货方式虽然有一定的风险，却能保护供应商的利益，这大大增加了供应商与沃尔玛建立业务合作关系的积极性，使沃尔玛赢取了供应商的信赖，保证沃尔玛能以最优惠的价格进货，大大降低了购货成本。据沃尔玛统计，实行向生产厂家直接购货的策略使采购成本降低了 2%~6%。

统一购货：沃尔玛采取中央采购制度，尽量由总部实行统一进货，特别是在全球范围内销售的高知名度商品，如可口可乐、柯达胶卷等。沃尔玛一般对销售一年的商品签订一次性地采购合同。由于数量巨大，沃尔玛获得的价格优惠远远高于同行。

协助供应商降低产品成本：沃尔玛通过协助供应商实现以最低成本来提高收益率，如对供应商的劳动力成本、生产场所、存货控制及管理工作进行质询和记录，使供应商进行流程再造和提高价格性能比，以使其同沃尔玛共同致力于降低产品成本及供应链的运作成本。

（2）建立高效运转的物流配送中心，保持低成本存货。

为解决各店铺分散订货、存货及补货所带来的高昂的库存成本问题，沃尔玛采取建立配送中心、由配送中心集中配送商品的方式。为提高效率，配送中心内部实行完全自动化，所有货物都在激光传送带上运入和运出，平均每个配送中心可同时为 30 辆卡车装货，可为送货的供应商提供 135 个车位。配送中心的高效运转使得商品在配送中心停留的时间很短，一般不会超过 48 小时。通过建立配送中心，沃尔玛大大提高了库存周转率，缩短了商品储存时间，避免了公司在正常库存条件下因各店铺设置仓库而付出较高的成本。在沃尔玛各店铺销售的商品中，87% 左右的商品由配送中心提供，库存成本比正常情况降低 50%。

（3）建立自有车队，有效地降低运输成本。

运输环节是整个物流链中成本最高的部分。沃尔玛采取了自建车队的方法，并辅之全球定位的高技术管理手段，保证车队处在一种准确、高效、快速、满负荷的状态。这一方面减少了不可控的、成本较高的中间环节和车辆供应商对运输环节的收费，另一方面保证了沃尔玛对运输掌握主控权，将货等车、店等货等现象发生的频率控制在最低限度，保证配送中心发货与各店铺收货的平滑、无重叠衔接，把流通成本控制在最低限度。

第二，利用发达的高技术信息处理系统作为战略实施的基本保障。

沃尔玛通过高技术信息处理系统来处理物流链循环的各个点，实现了点与点之间光滑、平稳、无重叠衔接，使点与点之间的衔接成本保持在较低水平。

第三，对日常经费进行严格控制。

沃尔玛对行政费用的控制非常严格。在行业平均水平为5%的情况下，沃尔玛整个公司的管理费用仅占销售额的2%，这2%的管理费用用于支付公司的采购费用、一般管理成本、员工工资。为维持低成本的日常管理，沃尔玛在各个细小的环节上都实施节俭措施，如办公室不配置昂贵的办公用品和豪华装饰、店铺装修尽量简洁、商品采用大包装、减少广告开支、鼓励员工为节省开支出谋划策等。

另外，沃尔玛的高层管理人员也一贯保持节俭作风。首任总裁萨姆与公司的经理们出差时，经常几人同住一间房。他平时开一辆二手车，坐飞机也只坐经济舱。沃尔玛一直想方设法地从各个方面将费用支出与经营收入比率保持在行业最低水平，这使其在日常管理方面获得竞争对手无法抗衡的低成本管理优势。

案例　吉利差异化战略成本控制与分析

浙江吉利控股集团（以下简称"吉利"）于1986年在台州成立，1997年进入轿车领域，凭借灵活的经营机制和持续的自主创新，取得了快速的发展，2003年集团管理总部迁入杭州。2019年全年营业收入为974亿元，曾连续十年进入中国企业500强，连续十年进入中国汽车行业十强，是国家"创新型企业"和"国家汽车整车出口基地企业"。

在2010年7月6日，欧盟委员会批准了吉利对瑞典沃尔沃轿车公司100%股权的收购。这是迄今为止我国企业对外国汽车企业最大规模的收购项目，收购总资金约为18亿美元。

吉利取得的成效如下。

（1）英国品牌，中国制造。双方在上海组建的合资公司是伦敦出租车走向全球市场唯一的生产基地。

（2）前沿技术，自主创新。合作将为吉利进一步增强自主创新能力开辟一条新路。

（3）一次国际化、全球化的有益尝试。吉利不仅坚持了合作原则，牢牢抓住了主导权，并且还成了英国一家有上百年历史的知名汽车企业的控股股东。

吉利差异化战略中的成本控制与分析如下。

（1）不断扩张形成规模化优势。此点可从吉利的成长历程看出。

（2）进一步实施产能扩展策略。继续扩张及提高现有厂房的生产能力，改善产品质量，形成规模经济，从而有效降低成本并增强企业抵御市场风险的能力。联营公司计划在其他省份兴建新生产设施，并在俄罗斯、印度尼西亚等国投建组装线，以降低成本并更有效地利用当地政府提供的财政优惠政策及其他资源。

（3）控制零部件成本并注重研发。对零部件成本的控制是汽车产业成本控制的关键。吉利有两家独资经营的汽车配件研发制造企业，其产品主要供应给吉利旗下的5家汽车制造公司，以此控制住零部件的成本。吉利也相当注重研发，投入大量资金用于发动机、变速箱、电子及电动零部件的开发。

其中，为了减轻原材料价格上涨对刹车系统等低档产品的影响，吉利注资1亿元人民币用于新一代电动助力转向系统的研发。为进一步增强技术优势，吉利还对其研发组织架构进行了调整，通过中央统筹管理、资源分配、项目规划以及对不同研发组织之间的责任分担及专注范畴分配，有效地控制了研发成本，在扩大投入的同时集中资源、减少浪费。

（4）加强供销渠道管理。近年来，原材料上涨给汽车制造商带来了很大的成本压力。吉利与主要供应商形成产量策略联盟，以减少原材料及部件的价格波动对整车成本的影响。同时还致力于重组联营公司零部件采购系统及供应商系统，以进一步降低成本、提升品质。

得益于上述措施，联营公司外购的汽车零部件成本下降5%~8%，抵销了部分产品售价平均调增5%~10%的影响。此外，联营公司在国内及海外建立了一个完善的分销及服务网络。这不仅可以有效地控制分销及销售成本，还有利于管理和观察汽车市场的竞争格局和价格走势，并提高吉利轿车的市场渗透率，为集团未来的长远发展奠定良好的基础。

第 8 章
非财务经理内部控制与风险管理之道

　　内部控制是企业内部建立的对业务活动互相联系、互相制约的措施、方法和规程。严格的内部控制制度能有效地控制企业经营的各种风险。内部控制与企业风险管理之间联系紧密，内部控制的实质就是风险控制，风险管理是内部控制的主要内容，两者相互依存、不可分离。

8.1 如何运用流程管理控制风险

以下是企业风险管理控制过程的控制要点，这是非财务经理需要特别关注的。

8.1.1 风险管理的方针和目标制定

第一个阶段是制定风险管理的方针和目标。企业风险管理是一项系统工程，非财务经理可以从资本经营角度出发，根据可能遇到的问题，进行目标和风险分析，并根据潜在的风险调整目标体系结构，最终建立一套完善的风险管理目标系统。

非财务经理应通过界定风险管理对象的状态范围和明确管理活动要达到的风险管理的总目标及各阶段分目标，为风险管理提供方向和框架。风险管理的总目标是为企业实现其经营目标提供保障，也就是为了实现经营目标，将企业风险控制在由企业战略决定的范围之内。

8.1.2 风险成因和风险类型识别

第二个阶段是识别风险成因和风险类型。主要在风险管理对象的状态范围、已经明确的管理活动要达到的风险管理总目标及各阶段分目标要求基础上，通过认真研究组织经营的内外环境状况，找出风险形成的根本原因，并据此划分风险的种类，从而为制定防范风险的对策提供思路。

8.1.3 风险概率及风险强度判断

判断风险概率及风险强度是运用流程管理控制风险的第三阶段。其可为企业了解自己的风险概率及风险强度并有针对性地采取预防措施提供科学的决策依据。

风险概率是指风险实际发生的可能性，风险强度则是指风险的影响程度，即风险值。这两个指标可以根据企业已经收集的有关风险统计的基本信息，按照选定的具体计算方法计算得出。

8.1.4　风险效用评估

第四个阶段是风险效用评估，即根据人们对待风险的态度，确定不同类型的资本经营主体对风险的效用值。非财务经理通过风险效用评估确定资本经营主体的风险收益效用值后，就可以做出相应的应付风险的对策。

8.1.5　风险规避设计

第五个阶段是风险规避设计，它是风险管理的核心，主要由预警、防范、控制、应急等子系统组成。因此，风险规避设计预警系统的主要功能是监控风险因素，尤其是重点监视风险值较大的因素，及时、敏锐地发现异常征兆，并准确地预报风险。

风险预警一般通过设置临界值来实现。当企业资本经营的内、外条件变化处于临界值以内，说明运营过程处于安全状态；当变化超出临界值时，则表明状况异常，应及时发出警报。企业应制定一定的应急措施，以便应对发生的意外风险，尽量减少风险带来的不良影响。

8.1.6　风险管理效果评价

第六个阶段是风险管理效果评价。一般采用"效益－费用"比值法进行评价，即比值＝效益÷费用。效益就是达到风险管理目标后所取得的实际效果，通常用经济效益和社会效益表示；费用是指风险管理活动的实际支出，其又分为货币支出和非货币支出两类。比值越大，说明风险管理活动的效果越好，反之则说明风险管理活动的效果不好。

8.1.7　风险管理持续改进

最后一个阶段是风险管理持续改进。在整个风险管理活动结束后，非财务经理应对风险管理运作进行总结，以积累更多的经验，提高企业用流程管理控制风险的能力和水平。

案例　某公司内控失控引发的资金风险

某公司向上海某技术工程公司原轻纺工程部求购精梳机一套，但当时这家公司没有购买此类机械的配额，负责人归某想出一个办法——利用其他公司的配额到纺机总厂订购。

随后，归某将本公司的45万元划入纺机总厂。然而，他代表公司到纺机总厂核账时发现，纺机总厂财务把已提走的设备当作其他公司购买的设备，而归某划入的45万元变为归某所在公司的预付款。

接着，归某派人到纺机总厂以公司的名义购买混条机等价值60万元的设备。因为有了45万元的预付款，归某仅向纺机总厂支付15万元。随后，他找到亲戚经营的某纺织器材公司让其开出公司以67万元的价格购得这批设备的发票，归某从中得利52万元。

最后纺机总厂发现45万元被骗，向公安机关报案，归某被判刑15年。

8.2　企业五大财务危机与风险控制

财务危机又称财务困境，是一个动态、逐步发生的过程。其是指企业不能偿还到期债务的困境，最坏的形式是企业破产。为防止财务危机的发生，非财务经理必须寻找应对财务危机的风险控制方法。

8.2.1 企业五大财务危机

企业五大财务危机包括以下方面。

（1）现金流缺失的危机。

所谓现金，是指企业持有的货币和银行存款两个项目。企业经营战略的实施过程，是一个从现金到资产再到现金的循环。在这个过程中，如果现金流短缺，那么这个循环就断掉了，企业的经营战略实施过程也就无法完成。

如果企业没有日常的应付款项资金和偿付到期债务的现金，那么就会产生财务危机。这不仅会造成战略规划中预期的盈利目标达不成，甚至可能连原始投入资本都收不回。

（2）应收账款过多的危机。

面对激烈的市场竞争，企业为了及时占领市场、减少库存，往往将赊销作为一种重要的促销手段，通过赊销向客户提供信用服务，从而促进产品销售。然而过多的应收账款会使企业面临巨大的应收账款坏账风险和现金周转风险，这实际上是将客户的经营风险转移到了企业的身上。

例如，四川长虹集团曾经由于某代理商拖欠 40 亿元人民币的账款而陷入了巨额亏损的泥潭。企业的应收账款如果不能按时足额收回，那么不仅意味着企业附加值的损失，而且表示投入资本的损失。

（3）滞销存货过多的危机。

企业的发展战略要靠资金推动，因此融资是企业发展的永恒主题。存货的减少可以减少企业的资金投入，而过多的滞销存货，一是会占用大量的资金，引起资金周转危机，二是若存货跌价，则会给企业带来巨大的损失。

（4）固定资产投资过多的危机。

在固定资产上投入大量资金能够培育企业的核心竞争力，促进企业的战略发展，但是会给战略的实施带来一些问题。

其一，导致推动固定资产正常运行的流动资产不足。固定资产并不是独立发挥作用的，它必须与企业的流动资产相结合，通过对流动资产的改造、加工来创造新价值。

其二，固定资产使用效率低，周转速度慢，不能摊薄固定成本，因而降低了总资产的收益率。

其三，固定资产占用资金成本过多，如果融资渠道不畅通、资金稀缺、企业生存和发展面临着巨大资金缺口这一背景下，这种资金占用的代价是十分昂贵的。

（5）短期借款过多的危机。

短期借款是一种重要的资金来源，它筹集速度快、容易获得、成本较低。鉴于这些优点，许多企业往往通过借入大量的短期借款代替长期筹资，以提供企业战略实施所需的资金。

但是，大量地利用短期借款会导致企业风险增加。一般来说，短期筹资的风险要比长期筹资大，原因如下。

第一，如果企业短期借款的比重高，一旦还款期临近，则预示着企业近期需要大量的现金。短期借款需要在短期内偿还，如果届时企业资金安排不当，企业就会陷入财务危机。

第二，只有稳定、持续的现金流才能保证长期投资战略顺利实施，一旦短期借款出现问题，就会导致整个项目经营运作的循环链断裂，从而导致战略失败。因此，战略项目的筹资与投资方式要讲究"匹配性"，长期投资项目应该以长期筹资来支撑。

8.2.2　企业财务风险控制方法

企业财务风险控制方法有以下几种。

（1）降低法。

企业对客观存在的财务风险，应努力采取防范措施以降低财务风险。例如，在生产经营活动中，企业可以通过提高产品质量、改进产品性能，努力开发新产品及开拓新市场等手段，提高产品的竞争力，降低因产品滞销、市场占有率下降而产生的不能实现预期收益的财务风险。

企业也可以通过付出一定代价的方式来降低产生风险损失的可能性。例如，建立风险控制系统，配备专门人员对财务风险进行预测、分析、监控，以便及时发现并化解风险。

（2）回避法。

企业在选择理财方案时，应综合评价各种方案可能产生的财务风险，在保证财务管理目标实现的前提下，选择风险较小的方案，以达到回避财务风险的目的。当然，采用回避法并不是说企业不能进行风险投资。企业为达到影响甚至控制被投资企业的目的，只能采用股权投资的方式，在这种情况下，承担适当的投资风险是必要的。

（3）分散法。

分散法也称多元法，即通过企业之间联营、多种经营及多元化对外投资等方式分散财务风险。对于风险较大的投资项目，企业可以与其他企业共同投资，以实现收益共享、风险共担，从而分散投资风险；针对市场需求的不确定性、易变性，企业为分散风险应采用多种经营方式，即同时经营多种产品；在业务结算方面，企业可采用货币组合的方式对风险进行规避，货币组合的方式是指利用不同币种之间汇率的波动趋势，选择若干种货币构成货币组合，以达到在国际贸易中控制外汇风险的目的。

（4）转移法。

转移法是指企业通过某种手段将部分或全部财务风险转移给他人承担的方法。转移风险的方式有很多，企业应根据不同的风险采用不同的风险转移方式。

转移法可归纳为七种。

①企业事先向保险公司缴纳保金，为风险性资产或财务活动购买保险，从而将该资产的风险转移给保险公司。

②企业如果预测到所承包的工程中某项目的风险因素较突出，可以通过将该项目转移给分包商的方式转移这部分风险。

③在对外投资时，企业可以采用联营投资方式，将部分投资风险转移给参与投资的其他企业。

④对于闲置的资产，企业可以采用出租或立即售出的处理方式，将资产损失的风险转移给承租方或购买方。

⑤采用发行股票方式筹集资金的企业，可以选择包销方式发行，将发行失败的风险转移给承销商。

⑥采用举债方式筹集资金时，企业可以和其他企业达成相互担保协议，将部分债务风险转移给担保方。

⑦赊销比重较大的企业，可以对大宗赊销及时与债务人达成还款协议，以转移坏账带来的财务风险。

（5）预防法。

为降低赊销中的坏账风险，企业应加强对赊销客户的管理，对客户的信用进行调查，对应收账款的账龄进行分析，建立赊销责任制度。具体如下所示。

①设立财务风险准备金，并预先提留风险补偿资金，实行分期摊销，以此减少风险损失对企业正常生产经营的影响。

②与相关企业在风险业务发生前签订保护性契约条款。

③采用期权方式进行交易等。

案例　江龙控股资金链断裂的原因

江龙控股是一家集研发、生产、加工、销售于一体的大型印染公司，旗下有多家公司。2006 年 5 月，公司引进"新宏远创基金"，同年 9 月 7 日在新加坡股票交易所上市，股票名称为"中国印染"，首发 1.13 亿股，募集资金约为 5 亿元人民币。

然而，2008 年 8 月，江龙控股突然出现了资金链断裂的危机。8 月 23 日，江龙控股召开了供应商会议，公司表示："一方面会开源节流，降低成本；另一方面正在积极寻求国际资金的支持，公司资金流紧张是暂时的，希望得到供应商的支持，帮助江龙控股渡过难关。"

在江龙控股出现资金危机后，公司除了借入大量款项维持公司正常的周转外，还展开了一系列的自救行动，以维持公司的运行。另外，政府也积极协调，对江龙控股予以政策扶持，以帮助江龙控股走出资金困境。

然而，种种努力并未改变江龙控股资金链断裂的命运。由于江龙控股所涉债务情况复杂，原定的企业重组计划陷入了困境，供应商、民间借贷债权人的债务问题仍未达成协议。2008 年 11 月 25 日，当地中级人民法院、人民政府在江龙控股的总部分别召集供货商和民间借贷债权人召开会议，商讨江龙控股的债务问题。这样，江龙控股成为继樱花纺织、飞跃集团、山东银河之后，又一个倒在资金链断裂上的大型纺织制造集团。

案例分析：

江龙控股的资金链断裂风险，表面原因是受累于出口市场形势不景气和资本市场断流，根本还在于企业内部。企业忽略内部管理、缺乏明确、合理的财务战略、盲目追求企业规模的扩张、短融长投、高额举债等因素，才是导致企业资金链断裂的根本原因。

那么，企业应如何建立风险控制体系？

第一道防线：业务单位防线。

企业建立的第一道防线，需要各业务单位就其战略性风险、信贷风险、市场风场和操作风险等，进行系统化地分析、确认、度量、管理和监控。企业需要对评估风险与内部控制措施的结果进行记录和存档，对内部控制措施的有效性不断进行测试和更新。

第二道防线：风险管理单位防线。

第二道防线是在业务单位之上建立一个更高层次的风险管理单位，它的组成部分可能包括风险管理部门、信贷审批部门、投资审批部门。

风险管理单位的责任是领导和协调企业内部各单位在管理风险方面的工作，它的职责包括：制定规章制度；对各业务单位的风险进行组合管理；度量风险和评估风险的界限；建立风险信息系统和预警系统、厘定关键风险指标；负责风险信息披露、沟通、协调员工培训和学习的工作；按风险与回报的分析，为各业务单位分配资本金。

第三道防线：内审单位防线。

内审单位独立于其他业务单位，监控企业内部控制实施过程和企业关心的其他问题。

案例　如何建立基于流程的采购管理

采购流程是从订货到收货的过程，主要包括以下关键环节。

①供应商选择：供应商评选，定义合格供应商，获取新供应商信息，供应商资质管理。

②采购需求的满足：制订合理的采购周期，采购规模的集中或分散处理，实施采购，采购品质量的保障，采购合同的履约风险控制。

③采购成本的控制：采购费用与采购标的的合理化，询价及比价、竞价，采购合同签约。

④采购效率的保障：供应商信息库管理的更新维护，采购作业时限的管理。

⑤防弊：供应商审查、采购费用审查，采购人员工作审查，对供应商及采购人员的防弊制度。

图8-1所示为某公司采购的基本流程。

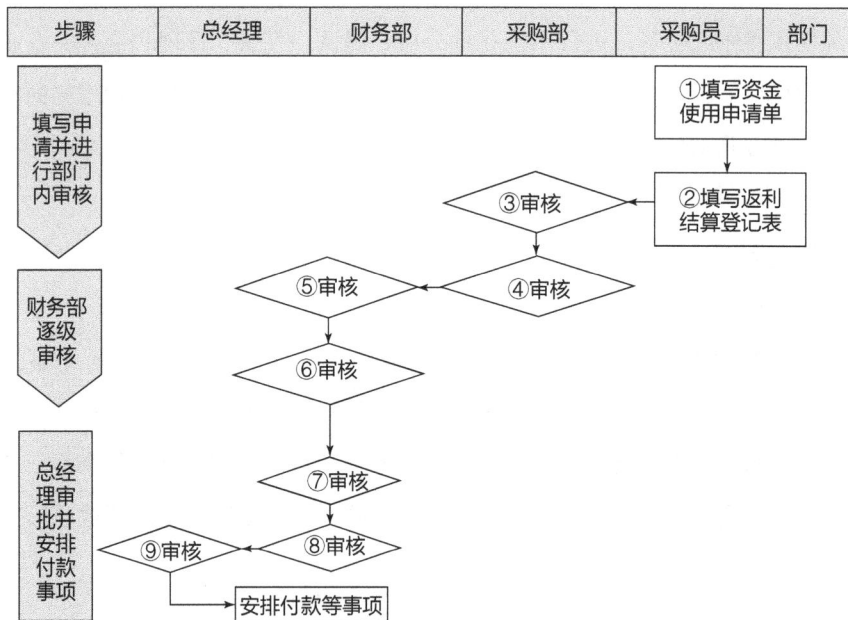

图8-1　采购的基本流程

关键步骤说明。

①填列申请部门、供应商名称及相关资料，标明货款支付方式。

②由采购主管对供应商信用额度等内容进行审核。

③由采购部经理进行审核，确保采购资金排款计划的合理性、执行的准确性。

④由进货结算员审核货票到位情况，保证付款金额与发票金额相对应。

⑤及时对应收返利、补差等的准确性进行审核，保证对应合同条款的执行。

⑥由往来账主管审核，按规定要求供应商及时配合对账，保证双方账务准确对应。

⑦由财务部经理进行审核，实现对资金计划和结算的整体把握。

⑧由总经理进行审批，统筹安排公司的资金，保证资金周转速度和效益。

案例　透视财务报表，识别潜在风险

作为非财务经理，要能透视财务报表，识别企业的潜在风险。盈利结构风险分析如表8-1所示，资产负债表各项目分析如表8-2所示。

表8-1　盈利结构风险分析

类型	A	B	C	D	E	F	G	H
主营业务利润	盈利	盈利	亏损	亏损	盈利	盈利	亏损	亏损
营业利润	盈利	盈利	盈利	盈利	亏损	亏损	亏损	亏损
利润总额	盈利	亏损	盈利	亏损	盈利	亏损	盈利	亏损
风险程度	无风险	存在风险	及时调整经营还可盈利		不采取有效措施将会破产		已接近破产	

表8-2　资产负债表各项目分析

项目	行次	2018年金额（元）	2019年金额（元）	变动额（元）	变动率（%）	2018年结构（%）	2019年结构（%）
流动资产合计	2	15 820 000	19 644 000	3 824 000	24.17	61.77	58.34
长期投资合计		250 000	300 000	50 000	20.00	0.10	0.89
固定资产合计		9 170 000	13 380 000	4 210 000	45.91	35.81	39.74
无形资产及其他资产合计		370 000	346 000	-24 000	6.49	1.44	1.03

续表

项目	行次	2018 年金额（元）	2019 年金额（元）	变动额（元）	变动率（%）	2018 年结构（%）	2019 年结构（%）
资产总计	4	25 610 000	33 670 000	8 060 000	31.47	100	100
短期借款	5	5 000 000	8 000 000	3 000 000	60	19.52	23.76
应付账款		530 000	3 615 000	3 085 000	582.08	2.07	10.74
应付票据		350 000	360 000	10 000	2.86	2.86	1.07
其他应付款		12 000	2 000	− 10 000	− 83.33	1.37	
流动负债合计	6	6 538 000	13 208 000	6 670 000	102.02	2.55	39.23
长期负债合计		215 000	262 000	47 000	21.86	0.84	0.78
负债合计		6 753 000	13 470 000	6 717 000	99.47	26.37	40.01
所有者权益合计	7	18 857 000	20 200 000	1 433 000	7.60	73.63	59.99
负债及所有者权益总计	8	25 610 000	33 670 000	8 060 000	31.47	100	100

（1）从投资或资产角度分析甲公司 2019 年变动率（见图 8-2）。

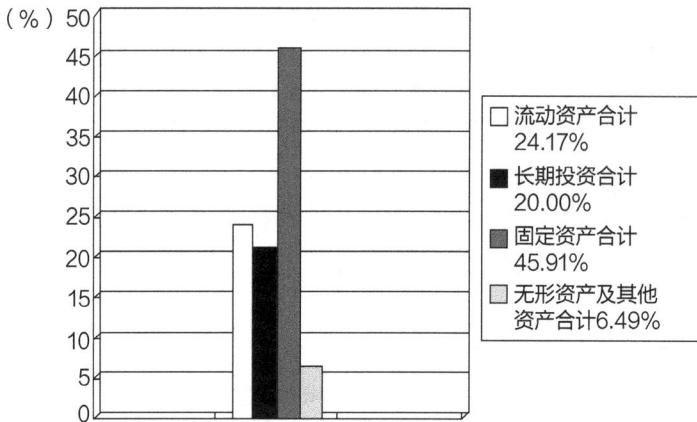

图 8-2　从投资或资产角度分析甲公司 2019 年变动率

2019 年甲公司的流动资产比上年度增加了 3 824 000 元，增长率为 24.17%，主要由于货币资金、应收账款和存货增加，导致了资产整体增长 31.47%；

2019 年甲公司的长期投资比上年增长 20%；

2019 年甲公司的固定资产比上年增加了 4 210 000 元，增长率为 45.91%，主要是购建了固定资产。

2019年甲公司无形资产及其他资产比上年增长6.49%。

可见,甲公司的生产规模在扩张。

(2)从筹资角度分析甲公司2019年变动率(见图8-3)。

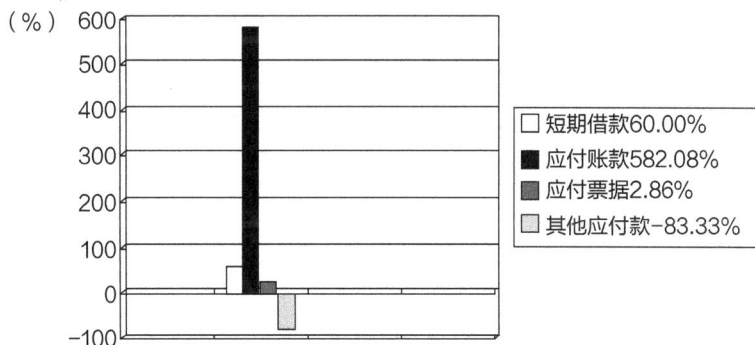

图8-3 从筹资角度分析甲公司2019年变动率

2019年甲公司筹资规模的增长幅度大于资产规模的增长幅度,即负债合计增加6 717 000元,增长率为99.47%,高出资产总额增长率68个百分点。其中,短期借款增长60%,应付账款增长582.08%。

但从40%的资产负债率来看,因为没有超过50%,还是属于稳健经营的。

(3)从权益角度分析甲公司2019年变动率(见图8-4)。

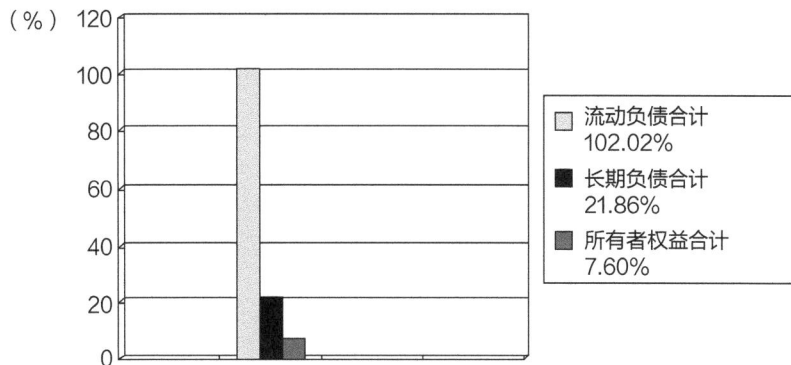

图8-4 从权益角度分析甲公司2019年变动率

权益项目中的所有者权益增长幅度为 7.60%，远小于负债的增长率（99.47%），也小于资产增长率的 31.47%。这说明企业经济效益不够理想。

从资产负债表各项目结构（垂直分析）来看，甲公司 2019 年流动资产比重比上年降低，而固定资产比重高于上年；短期借款、应付账款比重高于上年，所有者权益比重低于上年。

第 9 章
非财务经理投资与融资决策

投资与融资决策是企业筹集资金的行为与过程，即企业根据自身的生产经营状况、财务状况以及企业未来经营发展的需要，通过科学的预测和决策，采取一定方式，通过一定渠道直接或间接地向投资者筹集资金，组织资金供应，以保证企业正常生产和经营发展需要。融资决策是指在恰当的融资政策指导下，企业为筹资而制定最佳方案的过程。

9.1 如何进行项目投资决策

项目投资决策，是指在调查、分析、论证的基础上，对投资项目进行决断。也就是说，企业在对某一项目（包括有形资产、无形资产、技术、经营权等）投资前进行的分析、研究和方案选择。

9.1.1 项目投资决策程序

企业项目投资决策的程序如图9-1所示。

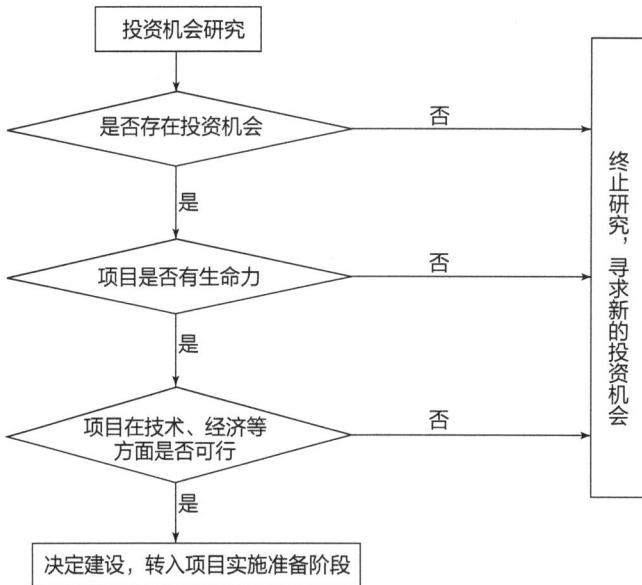

图9-1 企业项目投资决策的程序

第一步，项目投资的提出。项目经理负责收集项目资源，并结合公司战略规划要求进行项目的初步筛选、调研，并形成《项目初步可行性论证立项报告》。

第二步，评价项目投资的可行性。项目决策委员会对《项目初步可行性论证立项报告》进行审核，讨论项目运作的可能性。通过评审，则由项目经理进行项目可行性论证；若没有通过，则由项目经理重新选取可能项目。

第三步，项目可行性组织实施。成立项目小组，由相关部门及人员组成。确定调研经营，由项目调研和组织专家论证评审。

第四步，项目可行性论证。其包括以下工作。

①项目小组对项目可行性进行调研，形成《项目可行性研究报告》，并报项目决策委员会初审。

②项目小组组织行业技术专家、市场专家等相关人员对《项目可行性研究报告》进行专家咨询论证。

③项目小组根据专家提出的意见，对报告进行修改、补充。

④修改后的报告经项目决策委员会的批准，由项目小组负责汇总项目评审会意见，形成《项目可行性研究报告》的初审论证报告。

⑤若收购或兼并，应完成下列工作：由具备资质的资产评估部门、审计部门对项目资产经营状况进行审核，形成财务审核意见；进行法律咨询，形成法律意见；最终决定是否收购或兼并。

第五步，项目审批决策。项目审批：项目小组经反复论证评审后将复审论证报告报项目决策委员会审校、批准。答复合同：决定项目投资后，项目小组与项目方协商确定投资相关文件，报集团董事长答复。

9.1.2　项目投资各阶段现金流量

项目投资各阶段现金流量由三部分组成。

（1）初始现金流量。

初始现金流量即在项目投资开始至项目正常购建运行之前产生的现金流量，一般是指流出量。具体包括以下方面。

一是对固定资产的投资，包括购建费、运输费、安装费等。

二是营运资金的垫支额，是为了维持正常的生产经营活动而追加的周转性资金，一般在营业终了时才能收回。

三是对无形资产的投资，包括在专利权、商标权、非专利技术、商誉等方面的投资。

四是其他投资，包括筹建费用、试车费用、职工培训费等。

（2）年营业现金净流量。

年营业现金净流量是指在整个项目寿命期内正常开展生产经营活动产生的现金流入量和现金流出量的差额。其包括以下方面。

一是营业收入。营业收入是指按权责发生制确认的收入，虽不能在当期收到全部现金，但为了简便，在实际估算现金流量时，可以把某个时期的营业收入看作现金流入量。

二是付现成本。付现成本是指需要支付现金的成本。营业成本中不需要支付现金的部分称为非付现成本，主要包括折旧费和无形资产、开办费的摊销成本。其计算公式如下。

$$付现成本 = 营业成本 - 折旧费 - 摊销成本$$

三是税金及附加。税金及附加是指投资项目引起的消费税、城市建设维护税、资源税、教育费附加及房产税、土地使用税、车船使用税、印花税等相关税费。

以上三项中，第一项减去后两项，即为年营业现金净流量。

（3）终结现金流量。

终结现金流量是指投资项目寿命期内结束时产生的现金流量，主要包括固定资产残值的变价收入、收回垫支的营运资金。

案例　某企业投资决策

某项目初始投资额 4 000 万元在建设起点一次性投入，项目营业期为 9 年，第一年至第八年每年年末营业现金净流量均为 1 120 万元。假设贴现率为 10%，计算出该项目的下列指标并判断该项目是否可行：（1）净现值，（2）现值指数，（3）回收期。

解：净现值 = 11 200 000 × (P/F, 10%, 1) + 11 200 000 × (P/F, 10%, 2) + 11 200 000 × (P/F, 10%, 3) + 11 200 000 × (P/F, 10%, 4) + 11 200 000 × (P/

F，10%，5）+11 200 000×（P/F，10%，6）+11 200 000×（P/F，10%，7）+

11 200 000×（P/F，10%，8）-40 000 000

　　=11 200 000×0.909 1+11 200 000×0.826 4+11 200 000×0.751 3+11 200

000×0.683 0+11 200 000×0.620 9+11 200 000×0.564 5+11 200 000×0.513 2

+11 200 000×0.466 5-40 000 000

　　=10 181 920+9 255 680+8 414 560+7 649 600+6 954 080+6 322 400+5

747 840+5 224 800-40 000 000

　　=59 750 880-40 000 000

　　=19 750 880（元）

　　现值指数=19 750 880÷40 000 000=0.493 772

　　回收期=40 000 000÷11 200 000=3.57（年）

　　该投资项目经济可行。因现值指数小于1，投资回收期在4年以下。

案例　某住宅小区建设项目投资决策全过程

　　某项目地块位于浙江省温岭市大溪镇镇中心。温岭市地处东南沿海、长三角地区的南翼，三面临海，东濒东海，南连玉环市，西邻乐清市及乐清湾，北接台州市区。

　　（1）区域简介。

　　温岭市是一座在改革开放中迅速崛起的滨海城市，大溪镇隶属于浙江省温岭市。大溪镇，具有全国首批小城镇发展改革试点镇、全国文明镇、全国重点镇、全国环境优美镇、国家森林公园、中国日用品塑料之乡等称号。大溪镇发展定位为幸福宜居新城、山水美镇。2019年10月，大溪镇入选"2019年度全国综合实力千强镇"。

　　（2）区域交通。

　　大溪镇水陆交通极为便捷。104国道途经大溪镇，甬台温高速公路设有大溪互通立交道口，一级公路直达市区，甬台温铁路温岭站设在大溪镇利岙村。大溪镇是台州市南部交通枢纽。

　　空运方面，大溪镇距离台州路桥机场约半小时车程，并有公交线路连接机场，交通十分便利。

（3）区域发展及产业。

《大溪镇城市总体规划》中，明确了"工贸型生态旅游文化小城市"的发展定位，确立了"一核两轴两带八区"发展格局，着力在拉框架、拓空间、强功能、提品质等方面推进城乡统筹发展，建城区面积拓展到10.1平方千米，城市化率提高到63.5%，"一环、八纵、八横"路网体系的形成，使大溪镇率先在温岭市实现村村通硬化公路目标。

大溪镇是全国小城镇综合改革试点镇、台州首家"无水港"，温岭市第一家保税仓库。

大溪镇依托突出的区位优势、灵活的企业机制、雄厚的民间资本和优越的资源环境，逐渐发展成为集聚和辐射能力都较强的区域中心，先后跻身全国小城镇综合改革试点镇、全国环境优美乡镇、全国文明镇行列。

大溪镇深度挖掘区位和产业集聚优势，加快构建生产性服务业基地。该区域金融服务业存贷两旺，拥有中行、建行等多家金融机构。项目总投资6亿元、占地107亩（1亩约为666.67平方米，此后不再标注）的温岭市国际物流中心正式开工建设，温岭海关监管场站、台州首家"无水港"、温岭市第一家保税仓库等相继建成投运，泵与电机市场、日用塑料市场、鞋革综合市场正在建设完善中，这标志着一个区域性物流集散中心初具形态。

（4）某住宅小区项目介绍。

项目主要经济指标如表9-1所示。

表9-1 某住宅小区项目主要经济指标

项目	单位	数值	套数	车位
总用地面积	平方米	45 746		
总建筑面积	平方米	125 515		
其中：地面总建筑面积	平方米	95 015		
地下总建筑面积	平方米	30 500		
容积率		2.10%		

项目	单位	数值	套数	车位
建筑密度		29.50%		
绿地率		34.50%		
住宅建筑面积	平方米	90 015	672	705
其中：保障房（50平方米/户）	平方米	1 000	20	12
125平方米（A户型）	平方米	39 375	315	315
140平方米（B户型）	平方米	35 700	255	255
170平方米（C户型）	平方米	13 940	82	123
公建建筑面积	平方米	5 000		30
其中：商铺	平方米	3 500		30
会所	平方米	400		
物业管理用房	平方米	300		
物业经营用房	平方米	400		
社区服务用房	平方米	400		
居住户数				
居住人数				
户均人口				
总停车位				735
其中：地面停车位				105
地下停车位				630

（5）项目开发成本计划。

总成本支出为82 021.78万元，包括以下内容。

①土地成本（含契税）：68.62亩×525.36万元/亩＝36 050.2万元。

②开发成本支出：37 779.04万元。

前期工程费（包括三通一平）为1 426.45万元，如表9-2所示。

表9-2　前期工程费各项目的面积和金额

序号	项目	单价 （元/平方米）	面积 （万平方米）	金额 （万元）
1	勘测费	10	12.55	125.50
2	可行性研究费	15	12.55	188.25

序号	项目	单价 （元/平方米）	面积 （万平方米）	金额 （万元）
3	设计费	60	12.55	753.00
4	咨询费	11	12.55	138.05
5	土地平整费	20.5	4.57	93.69
6	临时道路设施费	10	4.57	45.70
7	供电费	8	4.57	36.56
8	供水费	10	4.57	45.70
	小计			1 426.45

基础设施费为5 245.18万元，各项目的面积和金额如表9-3所示。

表9-3 基础设施费各项目的面积和金额

序号	项目	单价 （元/平方米）	数量（万平方米）	金额 （万元）
1	供电工程	170	12.55	2 133.50
2	供水工程	50	12.55	627.50
3	供气工程	35	6.72	235.20
4	广电工程	5	6.72	33.60
5	电信工程			电信承担
6	小区道路工程	15	9.65	144.75
7	路灯工程	10	9.65	96.50
8	小区绿化景观市政工程	100	9.65	965.00
9	环卫工程	5	9.65	48.25
10	智能化工程	44.6	9.65	430.39
11	水系工程	42.27	12.55	530.49
	小计			5 245.18

（6）保本点分析。

以预测成本为基数，综合销售单价达到预计单价的78.60%，达到保本点。

以预测成本和已预测销售单价为基数，达到保本点的销售额。

①高层保本销售率：80.26%。

②商铺保本销售率：55.05%。

（7）项目SWOT分析。

针对项目所处区域、地块现状，结合供需及消费群分析，综合各相关因素对本项目的影响，对项目做出以下分析。

优势：

①本案将作为大溪镇提升当地住宅品质的项目，现阶段进入具有抢占市场的时间优势；

②本案地理位置较好，位于镇中心以南，与南嵩路相邻，日后出行非常便利，并且地块南看山北望水，对住宅品质的提升具有天然优势；地块地面无建筑物，无拆迁要求，为后期的快速开发提供条件；开发商具有丰富的住宅开发的操盘经验，具有专业团队及资源优势。

劣势：本案地块面积不大，2.10%的容积率相对小城镇的低密度略显局促；作为外地开发商，本地资源缺乏。

机会：

①国家城镇化战略方针及政策的出台，加之目前各地城镇建设实际推进步伐加快，地方对优质开发企业的进入存在需求；

②大溪镇作为浙江省百强镇、省历史文化保护区和省绿色小城镇，既有深厚的人文历史底蕴和优质的自然资源，又有大力发展的经济基础，人口聚集能力较强，创造了买房的潜在需求；

③大溪镇工农业较发达、民营企业较多，目前拥有12万常住人口、17万多外来人口，有购房客群基础；

④大溪镇当地产品均为本地开发商开发的产品，且在售项目以中小体量

为主，多数项目的品质有待提高，小城镇建设对外地专业开发商的需求较大。

威胁：本案周边的配套相比镇中心尚显不足。

（8）结论及建议。

综上所述，项目投资条件、收益预期及社会效益良好，建议如下。

项目定位：高品质城市公寓，引入齐全的社区生活及商业配套，由专业物管团队提供物业服务，打造大溪镇当地最高品质的住宅之一。

9.2　如何进行项目融资决策

项目融资决策，就是项目融资结构的优化决策。或者说，项目融资决策是融通资金的结构要素，如构成投资结构、融资模式、资金结构、信用担保结构等要素的有效组合。

9.2.1　融资方式决策

在项目融资工作开始之前，项目投资人或主办人通常要对拟投资项目进行初步分析，做出投资决策和融资方式决策。一般来说，项目融资适用于投资规模大、周期长、投资收益和现金流量稳定、股权投资人或项目公司信用不足以支持简单贷款的新建投资项目。企业融资项目决策的程序如图 9 – 2 所示。

此外，拟投资项目如采用项目融资方式解决资金问题，通常需要取得所在地政府部门的政策支持和计划管理部门的批准。应当说，认真分析拟投资项目的特点和条件是正确做出项目融资决策的基础。

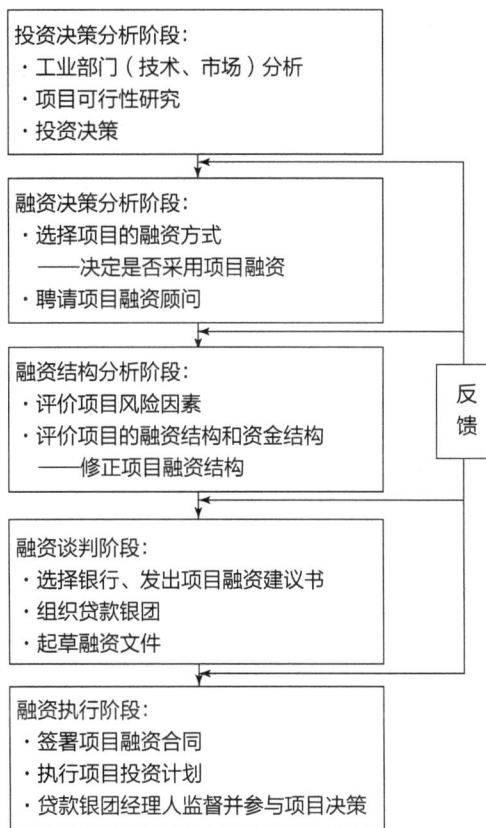

图9-2 企业融资项目决策的程序

9.2.2 项目融资方案

项目投资人或主办人在决定采用项目融资方式后，通常须确定项目投资与项目融资的初步结构或初步方案，并做出项目可行性研究。

项目融资顾问在融资决策分析阶段，需要对拟投资项目进行初步调查和了解，并在此基础上协助项目主办人修改和完善项目融资的初步结构和方案。

案例 "世纪星"项目融资决策全过程

方案一：直接融资项目模式。

投资结构：由浙商联盟和天鸿地产组成非公司型合资结构。其中，浙商联盟直接向国内银行进行融资，负责项目款项的40%，天鸿地产向国内银行和欧洲银行分别融资项目资金的60%。两家公司通过合资协议确定合作关系，通过各自的自有资金和银行贷款投资。天鸿地产在过去开发的许多房地产项目中，自有资金只达到了总投资金额的10%，银行贷款占比大。

公司项目投入资金中主要是银行贷款（30%～40%）；自有资金中有30%～40%来自开发商流动贷款；施工企业往往要向项目垫付总投入30%～40%的资金，这部分资金也多是银行贷款。

此外，至少一半以上的客户资金，即预售回款，也多是客户向银行申请的个人住房抵押贷款，同样也是银行贷款。

资金结构：世纪星项目的资金结构包括项目贷款、股本资金和发行债券3种。

本方案融资成本为7 424.84万元。

方案二：合资项目公司融资项目模式。

投资结构：公司型合资结构，由项目发起人天鸿地产和浙商联盟根据股东协议组建一个单一目的的项目公司——荣兴公司。天鸿地产认购该控股公司100%股票，成为控股公司法律上的拥有者。天鸿地产经营业绩良好，通过对项目企业的完全控股，可以使该控股公司的资产负债和经营损益内容并入天鸿地产的财务报表，同时控股公司的税收也可以与天鸿地产的税收合并，统一纳税。然后以项目公司作为独立的法人实体，签署与项目建设、生产和市场有关的合同，并安排相应融资，建设经营并拥有项目。

由于该项目公司除了正在安排融资的项目之外，没有其他资产和业务，也没有经营历史，所以项目发起人天鸿地产和浙商联盟向其提供一定的信用担保，以承担一定程度的债务责任。

同时，两家公司通过合资协议认购控股公司即项目公司发行的可转换债券的方式对控股公司进行股本资金投入（在合资协议中规定可转换债券持有人的权益及转换条件），从而组成真正的投资财团。根据各自参与项目的不同目的，天鸿地产和浙商联盟各自认购可转换债券的比例为60%、40%。

资金结构：股本资金、准股本资金和债务资金3种。

本方案融资成本为 8 180.9 万元。

方案三：设施使用协议融资项目模式。

投资结构：天鸿地产和浙商联盟以合伙制投资结构的形式兴建世纪星项目，与设备供应商签订机械设备使用协议。天鸿地产和浙商联盟派代表和供应商达成协议，由其提供一份无论使用与否都需付款的设备使用协议，在能顺利建成项目的前提下，定期向设备供应商支付规定数额的设备使用费作为项目融资的信用担保，同时向国内贷款银行进行贷款融资。

天鸿地产和浙商联盟根据提供的机械设备使用协议，由天鸿地产负责建设、运营整个项目系统，并承担对该合伙制项目债务的无限责任；浙商联盟作为有限合伙人，其对合伙制结构的债务责任被限制在其已经投入和承诺投入合伙制项目中的资本数量中了。

资金结构：银行贷款和债务资金两种。

本方案融资成本为 4 827.63 万元。

综上可知，第三种方案的融资成本最低。如果仅仅从融资成本角度考虑，应该选择第三种融资方案。

第 10 章
非财务经理税收新政策的解读、应用与会计核算

　　大家都知道税收的作用，税收不仅是政府筹集财政收入的重要手段，还是缓解收入不平等的重要工具。所以，对于每一个企业来说，依法纳税是应尽的义务。非财务经理需要掌握新税收政策，避免企业出现一些因为税收政策变更导致的不必要的税收问题。

10.1　如何解读与应用税收新政策

国家相关财政、税务部门会根据具体情况出台一些税收新政策，会制定多项便民办税新措施，以不断优化税收营商环境，深化税务系统"放管服"改革，为纳税人提供便利。

增值税作为一项非常重要的流转税，非财务经理尤其需要重点关注相关新政策。

10.1.1　增值税相关改革政策的解读与应用

《关于深化增值税改革有关政策的公告》（财政部　税务总局　海关总署公告2019 年第 39 号（以下简称"本公告"）的解读与应用。

（1）政策要点。

①增值税一般纳税人（以下称纳税人）发生增值税应税销售行为或者进口货物，原适用 16% 税率的，税率调整为 13%；原适用 10% 税率的，税率调整为 9%。

②纳税人购进农产品，原适用 10% 扣除率的，扣除率调整为 9%。纳税人购进用于生产或者委托加工 13% 税率货物的农产品，按照 10% 的扣除率计算进项税额。

③原适用 16% 税率且出口退税率为 16% 的出口货物劳务，出口退税率调整为 13%；原适用 10% 税率且出口退税率为 10% 的出口货物、跨境应税行为，出口退税率调整为 9%。

④纳税人购进国内旅客运输服务，其进项税额允许从销项税额中抵扣。

第一，纳税人未取得增值税专用发票的，暂按照以下规定确定进项税额。

a. 取得增值税电子普通发票的，为发票上注明的税额。

b. 取得注明旅客身份信息的航空运输电子客票行程单的，为按照下列公式计算的进项税额。

$$航空旅客运输进项税额 = (票价 + 燃油附加费) \div (1 + 9\%) \times 9\%$$

c. 取得注明旅客身份信息的铁路车票的，为按照下列公式计算的进项税额。

$$铁路旅客运输进项税额 = 票面金额 \div (1 + 9\%) \times 9\%$$

d. 取得注明旅客身份信息的公路、水路等其他客票的，按照下列公式计算进项税额。

$$公路、水路等其他旅客运输进项税额 = 票面金额 \div (1 + 3\%) \times 3\%$$

第二，《营业税改征增值税试点实施办法》（财税〔2016〕36 号印发）第二十七条第（六）项和《营业税改征增值税试点有关事项的规定》（财税〔2016〕36 号印发）第二条第（一）项第 5 点中"购进的旅客运输服务、贷款服务、餐饮服务、居民日常服务和娱乐服务"修改为"购进的贷款服务、餐饮服务、居民日常服务和娱乐服务"。

⑤自 2019 年 4 月 1 日至 2021 年 12 月 31 日，允许生产、生活性服务业纳税人按照当期可抵扣进项税额加计 10%，抵减应纳税额（以下称加计抵减政策）。

本公告所称生产、生活性服务业纳税人，是指提供邮政服务、电信服务、现代服务、生活服务（以下称四项服务）取得的销售额占全部销售额的比重超过 50% 的纳税人。四项服务的具体范围按照《销售服务、无形资产、不动产注释》（财税〔2016〕36 号印发）执行。

2019 年 3 月 31 日前设立的纳税人，自 2018 年 4 月至 2019 年 3 月期间的销售额（经营期不满 12 个月的，按照实际经营期的销售额）符合上述规定条件的，自 2019 年 4 月 1 日起适用加计抵减政策。

2019 年 4 月 1 日后设立的纳税人，自设立之日起 3 个月的销售额符合上述规定条件的，自登记为一般纳税人之日起适用加计抵减政策。

纳税人确定适用加计抵减政策后，当年内不再调整，以后年度是否适用，根据上年度销售额计算确定。

纳税人可计提但未计提的加计抵减额，可在确定适用加计抵减政策当期一并计提。

（2）解读与应用

问题一：2019年4月1日降低增值税税率政策实施后，纳税人发生销售折让、中止或者退回等情形的，如何开具红字发票及蓝字发票？

本公告第一条明确，增值税一般纳税人在增值税税率调整前已按原16%、10%适用税率开具的增值税发票，发生销售折让、中止或者退回等情形需要开具红字发票的，按照原适用税率开具红字发票；开票有误需要重新开具的，先按照原适用税率开具红字发票后，再重新开具正确的蓝字发票。

需要说明的是，如纳税人此前已按原17%、11%适用税率开具了增值税发票，发生销售折让、中止或者退回等情形需要开具红字发票的，应按照《国家税务总局关于统一小规模纳税人标准等若干增值税问题的公告》（国家税务总局公告2018年第18号，以下简称"18号公告"）相关规定执行。

问题二：2019年4月1日降低增值税税率政策实施后，纳税人需要补开增值税发票的，如何处理？

本公告第二条明确，纳税人在增值税税率调整前未开具增值税发票的增值税应税销售行为，需要补开增值税发票的，应当按照原16%、10%适用税率补开。

需要说明的是，如果纳税人还存在2018年税率调整前未开具增值税发票的应税销售行为，需要补开增值税发票的，可根据18号公告相关规定，按照原17%、11%适用税率补开。

问题三：火车票、飞机票如何抵扣？如何申报？

①抵扣方式。

一是按发票上注明的税额抵扣。如果取得增值税电子普通发票的，可以抵扣的税额为发票上注明的税额。

二是按发票上的金额计算抵扣。

取得注明旅客身份信息的航空运输电子客票行程单的，为按照下列公式计算的进项税额：航空旅客运输进项税额＝（票价＋燃油附加费）÷（1＋9%）×9%。

取得注明旅客身份信息的铁路车票的，为按照下列公式计算的进项税额：

铁路旅客运输进项税额＝票面金额÷（1＋9%）×9%。

取得注明旅客身份信息的公路、水路等其他客票的，按照下列公式计算进项税额：公路、水路等其他旅客运输进项税额＝票面金额÷（1＋3%）×3%。

取得的发票没有注明身份信息不能抵扣。

②记账方式。

某公司取得了业务员张某出差报销的火车票57元，则铁路旅客运输进项税额＝57÷（1＋9%）×9%＝4.71（元）。

账务处理如下。

借：销售费用　　　　　　　　　　　　　　　52.29

　　应交税费——应交增值税（进项税额）　　 4.71

　　　贷：库存现金　　　　　　　　　　　　　　　　57

③申报方式。

计算抵扣的进项税额如何申报呢？由于增值税申报表可能要进行修改，参考通行费计算抵扣的填表方式，大致应在《增值税纳税申报表附列资料（二）》（本期进项税额明细）第8栏"其他"填入，同时填报《本期抵扣进项税额结构明细表》第30栏"旅客运输服务的进项"。实际填写应待表样出来，参考填表说明。

2019年4月，公司财务部门取得一张员工吴某的出差高铁票（票价为218元），请问能否抵扣增值税？

可以计算抵扣，无须认证。

火车票允许抵扣的进项税额＝票面金额÷（1＋9%）×9%＝218÷（1＋9%）×9%＝18（元）。

借：管理费用——差旅费　　　　　　　　　　200

　　应交税费——应交增值税（进项税额）　　 18

　　　贷：库存现金　　　　　　　　　　　　　　 218

④注意事项。

取得注明旅客身份信息的公路、水路等客票的按照 3% 计算进项税额。

取得注明旅客身份信息的航空运输电子客票行程单的按照 9% 计算进项税额。

取得注明旅客身份信息的铁路车票的按照 9% 计算进项税额。

取得未注明旅客身份信息的出租票、公交车票等，不得计算抵扣。

旅客运输服务是指客运服务，包括通过陆路运输、水路运输、航空运输为旅客个人提供的客运服务。

增值税进项抵扣有 3 个时间点，一旦错过，再想抵扣进项税额就非常难，甚至会导致无法抵扣。

增值税专用发票、机动车销售统一发票、通行费增值税电子普通发票、海关进口增值税专用缴款书 4 类凭证，必须在规定的时间内进行认证（扫描、勾选确认）。

认证后必须在次月申报期内申报抵扣。

特别要注意海关进口增值税专用缴款书。

⑤软件升级。

13% 与 9% 编码调整：2019 年 4 月 1 日，启用税率调整，老用户更新编码时有提示"按照财政部、国家税务总局有关规定，将 16% 增值税税率调整为 13%，将 10% 增值税税率调整为 9%"（此提示只显示一次）；新用户不显示相关提示。发票填开界面的税率排列中，新增的税率排在前面，旧税率依然存在。

总局商品编码版本更新到 32.0。

汇总表设置税率处，新增 13% 与 9% 两栏。

4 月 1 日—4 月 3 日每次登录开票系统均会提示"按照财政部、国家税务总局有关规定，增值税 16% 和 10% 的税率分别调整为 13% 和 9%"，勾选左下角不再显示。

升级方式有以下两种。

方式一：服务器推送自动升级。

方式二：自行手工下载升级。

升级常见问题如下。

a. 什么时候可以开始升级？4月1日开始还是现在就开始？

答：现在就可以升级软件为最新版本，在4月1日打开计算机，税收分类编码会更新到32.0版本。

b. 原来的商品编码库，是否需要重新赋码？

答：开票软件升级后，4月1日零时后重新进入软件，税收分类编码将自动更新，即16%税率更新为13%税率，10%税率更新为9%税率，无须重新赋码。

c. 开票软件升级到最新版本，税收分类编码还显示16%或10%的税率吗？

答：4月1日之前税收分类编码还是显示16%和10%，4月1日零时进入开票软件，税收分类编码显示13%和9%。

d. 开票软件升级到最新版本之后，是否能直接开出13%和9%税率的发票？

答：4月1日零时后才能开出新税率的发票。

e. 开票软件升级，4月1日之后是否还可以开具16%和10%税率的发票？

答：对于4月1日之前发行并生效的一般纳税人，开票软件升级之后，还可以使用16%和10%税率补开蓝字发票、开具红字发票；对于4月1日之后生效的一般纳税人，无法使用16%和10%税率。

10.1.2 小微企业普惠性税收减免政策解读与应用

《财政部 税务总局关于实施小微企业普惠性税收减免政策的通知》（财税〔2019〕13号）的解读与应用。

（1）对月销售额10万元以下（含本数）的增值税小规模纳税人，免征增值税。

（2）对小型微利企业年应纳税所得额不超过100万元的部分，减按25%计入应纳税所得额，按20%的税率缴纳企业所得税；对年应纳税所得额超过100万元但不超过300万元的部分，减按50%计入应纳税所得额，按20%的税率缴纳企业所得税。

上述小型微利企业是指从事国家非限制和禁止行业，且同时符合年度应纳税所得额不超过 300 万元、从业人数不超过 300 人、资产总额不超过 5 000 万元 3 个条件的企业。

（3）由省、自治区、直辖市人民政府根据本地区实际情况，以及宏观调控需要确定，对增值税小规模纳税人可以在 50% 的税额幅度内减征资源税、城市维护建设税、房产税、城镇土地使用税、印花税（不含证券交易印花税）、耕地占用税和教育费附加、地方教育附加。

（4）增值税小规模纳税人已依法享受资源税、城市维护建设税、房产税、城镇土地使用税、印花税、耕地占用税、教育费附加、地方教育附加其他优惠政策的，可叠加享受本通知第三条规定的优惠政策。

10.1.3　关于固定资产折旧政策的解读

《关于扩大固定资产加速折旧优惠政策适用范围的公告》（财政部　税务总局公告 2019 年第 66 号）的解读与应用。

（1）自 2019 年 1 月 1 日起，适用《财政部　国家税务总局关于完善固定资产加速折旧企业所得税政策的通知》（财税〔2014〕75 号）和《财政部　国家税务总局关于进一步完善固定资产加速折旧企业所得税政策的通知》（财税〔2015〕106 号）规定固定资产加速折旧优惠的行业范围，扩大至全部制造业领域。

（2）本公告发布前，制造业企业未享受固定资产加速折旧优惠的，可自本公告发布后在月（季）度预缴申报时享受优惠或在 2019 年度汇算清缴时享受优惠。

10.1.4　享受"加计抵减"优惠的 20 个要点问题与分析

《关于深化增值税改革有关政策的公告》（财政部　税务总局　海关总署公告 2019 年第 39 号）规定，自 2019 年 4 月 1 日至 2021 年 12 月 31 日，允许生产、生活性服务业纳税人按照当期可抵扣进项税额加计 10%，抵减应纳税额。

"加计抵减"是此次增值税改革出台的新政策。

（一）政策内容

要点1：本次深化增值税改革新出台了增值税加计抵减政策，其具体内容是什么？

答：符合条件的从事生产、生活服务业一般纳税人按照当期可抵扣进项税额加计10%，用于抵减应纳税额。

要点2：增值税加计抵减政策执行期限是什么时候？

答：增值税加计抵减政策执行期限是2019年4月1日至2021年12月31日，这里的执行期限是指税款所属期。

要点3：增值税加计抵减政策所称的生产、生活服务业纳税人是指哪些纳税人？

答：增值税加计抵减政策中所称的生产、生活服务业纳税人，是指提供邮政服务、电信服务、现代服务、生活服务取得的销售额占全部销售额的比重超过50%的纳税人。

要点4：增值税加计抵减政策所称的邮政服务、电信服务、现代服务、生活服务具体范围是指什么？

答：邮政服务、电信服务、现代服务、生活服务具体范围，按照《销售服务、无形资产、不动产注释》（财税〔2016〕36号印发）执行。

邮政服务，是指中国邮政集团公司及其所属邮政企业提供邮件寄递、邮政汇兑和机要通信等邮政基本服务的业务活动，包括邮政普遍服务、邮政特殊服务和其他邮政服务。

电信服务，是指利用有线、无线的电磁系统或者光电系统等各种通信网络资源，提供语音通话服务，传送、发射、接收或者应用图像、短信等电子数据和信息的业务活动，包括基础电信服务和增值电信服务。

现代服务，是指围绕制造业、文化产业、现代物流产业等提供技术性、知识性服务的业务活动，包括研发和技术服务、信息技术服务、文化创意服务、物流辅助服务、租赁服务、鉴证咨询服务、广播影视服务、商务辅助服务和其他现代服务。

生活服务，是指为满足城乡居民日常生活需求提供的各类服务活动，包括文化体育服务、教育医疗服务、旅游娱乐服务、餐饮住宿服务、居民日常服务和其他生活服务。

要点5：提供邮政服务、电信服务、现代服务、生活服务取得的销售额占全部销售额的比重超过50%的增值税小规模纳税人，可以享受增值税加计抵减政策吗？

答：不可以，加计抵减政策是按照一般纳税人当期可抵扣的进项税额的10%计算的，只有增值税一般纳税人才可以享受增值税加计抵减政策。

（二）销售额比重计算

要点6：纳税人提供邮政服务、电信服务、现代服务、生活服务取得的销售额占全部销售额的比重应当如何计算？

答：2019年3月31日前设立的纳税人，其销售额比重按2018年4月至2019年3月期间的累计销售额进行计算；实际经营期不满12个月的，按实际经营期的累计销售额计算。

2019年4月1日后设立的纳税人，其销售额比重按照设立之日起3个月的累计销售额进行计算。

要点7：纳税人兼有四项服务中多项应税行为的，其销售额比重应当如何计算？

答：纳税人兼有四项服务中多项应税行为的，其四项服务中多项应税行为的当期销售额应当合并计算，然后再除以纳税人当期全部的销售额，以此计算销售额的比重。

（三）政策适用问题

要点8：增值税加计抵减政策规定："纳税人确定适用加计抵减政策后，当年内不再调整"，具体是指什么？

答：该规定是指增值税一般纳税人确定适用加计抵减政策后，一个自然年度内不再调整。下一个自然年度，再按照上一年的实际情况重新计算确定是否适用加计抵减政策。

要点9：增值税加计抵减政策规定："纳税人可计提但未计提的加计抵减额，可在确定适用加计抵减政策当期一并计提"，请举例说明如何适用该规定。

答：举例而言，新设立的符合条件的纳税人可能会存在这种情况，某纳税人2019年4月设立，2019年5月登记为一般纳税人，2019年6月若符合条件，可以确定适用加计抵减政策，6月一并计提5—6月的加计抵减额。

要点10：按照现行规定不得从销项税额中抵扣的进项税额，是否可以计提加计抵减额？

答：不可以，只有当期可抵扣进项税额才能计提加计抵减额。

要点11：已计提加计抵减额的进项税额，按规定进行进项税额转出的，在计提加计抵减额时如何处理？

答：已计提加计抵减额的进项税额，如果发生了进项税额转出，则纳税人应在进项税额转出当期，相应调减加计抵减额。

（四）加计抵减额计算

要点12：增值税加计抵减额的计算公式是什么？

答：计算公式如下。

$$当期计提加计抵减额 = 当期可抵扣进项税额 × 10\%$$

$$当期可抵减加计抵减额 = 上期末加计抵减额余额 + 当期计提加计抵减额 -$$
$$当期调减加计抵减额$$

要点13：增值税一般纳税人有简易计税方法的应纳税额，其简易计税方法的应纳税额可以抵减加计抵减额吗？

答：增值税一般纳税人有简易计税方法的应纳税额，不可以从加计抵减额中抵减。加计抵减额只可以抵减一般计税方法下的应纳税额。

要点14：增值税一般纳税人按规定计提的当期加计抵减额，应当如何抵减应纳税额？

答：增值税一般纳税人当期应纳税额大于零时，就可以用加计抵减额抵减当期应纳税额，当期未抵减完的，结转下期继续抵减。

要点15：增值税一般纳税人如果当期应纳税额等于零，则当期可抵减加计抵减额如何处理？

答：增值税一般纳税人如果当期应纳税额等于零，则当期计提的加计抵减额全部结转下期继续抵减。

要点 16：符合条件的增值税一般纳税人出口货物劳务、发生跨境应税行为是否适用加计抵减政策？

答：增值税一般纳税人出口货物劳务、发生跨境应税行为不适用加计抵减政策，其对应的进项税额也不能计提加计抵减额。

要点 17：增值税一般纳税人兼营出口货物劳务、发生跨境应税行为且无法划分不得计提加计抵减额的进项税额，应当如何处理？

答：其计算公式如下。

不得计提加计抵减额的进项税额 = 当期无法划分的全部进项税额 × 当期出口货物劳务和发生跨境应税行为的销售额 ÷ 当期全部销售额

要点 18：加计抵减政策执行到期后，增值税一般纳税人结余未抵减完的加计抵减额如何处理？

答：加计抵减政策执行到期后，增值税一般纳税人结余的加计抵减额停止抵减。

要点 19：假设 A 公司是一家研发企业，于 2019 年 4 月新设立，但是 4—7 月未开展生产经营，销售额均为 0，自 8 月才有销售额，那么 A 公司该从什么时候开始计算销售额并判断是否适用加计抵减政策？

答：《关于深化增值税改革有关政策的公告》（财政部 税务总局 海关总署公告 2019 年第 39 号）规定，2019 年 4 月 1 日后设立的纳税人，根据自设立之日起 3 个月的销售额判断当年是否适用加计抵减政策。如果纳税人前 3 个月的销售额均为 0，则应自该纳税人形成销售额的当月起计算 3 个月来判断是否适用加计抵减政策。因此，A 公司应根据 2019 年 8—10 月的销售额判断当年是否适用加计抵减政策。

要点 20：如果某公司 2019 年适用加计抵减政策，且截至 2019 年年底还有

20 万元的加计抵减额余额尚未抵减完。2020 年该公司因经营业务调整不再适用加计抵减政策，那么这 20 万元的加计抵减额余额如何处理？

答：该公司 2020 年不再适用加计抵减政策，则 2020 年该公司不得再计提加计抵减额。但是，其 2019 年未抵减完的 20 万元，可以在 2020 年至 2021 年度继续抵减。

10.1.5 "六税一费"优惠政策要点与分析

"六税一费"具体指城镇土地使用税、房产税、耕地占用税、车船税、印花税、城市维护建设税、教育费附加。

根据《国家税务总局关于城镇土地使用税等"六税一费"优惠事项资料留存备查的公告》（国家税务总局公告 2019 年第 21 号），纳税人享受"六税一费"优惠实行"自行判别、申报享受、有关资料留存备查"办理方式，申报时无须再向税务机关提供有关资料。

纳税人根据具体政策规定自行判断是否符合优惠条件，符合条件的，纳税人申报享受税收优惠，并将有关资料留存备查。

10.1.6 火车票、飞机票、汽车票、轮船票抵扣增值税分析

《关于深化增值税改革有关政策的公告》（财政部 税务总局 海关总署公告 2019 年第 39 号）规定，2019 年 4 月 1 日起火车票、飞机票、汽车票、轮船票抵扣增值税，具体的抵扣凭证种类及进项税额抵扣如表 10-1 所示。

表 10-1　旅客运输抵扣凭证种类及计算

抵扣凭证种类	进项税额抵扣计算
增值税专用发票	发票上注明的税额
增值税电子普通发票	发票上注明的税额
注明旅客身份信息的航空运输电子客票行程单	（票价＋燃油附加费）÷（1＋9%）×9%
注明旅客身份信息的铁路车票	票面金额÷（1＋9%）×9%
注明旅客身份信息的公路、水路等其他客票	票面金额÷（1＋3%）×3%

10.1.7 与公司业务相关的税率

《关于深化增值税改革有关政策的公告》规定了与公司业务相关的增值税税率，如下。

（1）增值税一般纳税人（以下称纳税人）发生增值税应税销售行为或者进口货物，原适用16%税率的，税率调整为13%；原适用10%税率的，税率调整为9%。

（2）纳税人购进农产品，原适用10%扣除率的，扣除率调整为9%。纳税人购进用于生产或者委托加工13%税率货物的农产品，按照10%的扣除率计算进项税额。

（3）原适用16%税率且出口退税率为16%的出口货物劳务，出口退税率调整为13%；原适用10%税率且出口退税率为10%的出口货物、跨境应税行为，出口退税率调整为9%。

（4）适用13%税率的境外旅客购物离境退税物品，退税率为11%；适用9%税率的境外旅客购物离境退税物品，退税率为8%。

（5）自2019年4月1日起，《营业税改征增值税试点有关事项的规定》（财税〔2016〕36号印发）第一条第（四）项第1点、第二条第（一）项第1点停止执行，纳税人取得不动产或者不动产在建工程的进项税额不再分2年抵扣。此前按照上述规定尚未抵扣完毕的待抵扣进项税额，可自2019年4月税款所属期起从销项税额中抵扣。

（6）纳税人购进国内旅客运输服务，其进项税额允许从销项税额中抵扣。

纳税人未取得增值税专用发票的，暂按照以下规定确定进项税额：

①取得增值税电子普通发票的，为发票上注明的税额；

②取得注明旅客身份信息的航空运输电子客票行程单的，为按照下列公式计算的进项税额。

$$航空旅客运输进项税额 = （票价 + 燃油附加费）÷ （1 + 9\%） × 9\%$$

③取得注明旅客身份信息的铁路车票的，为按照下列公式计算的进项税额。

铁路旅客运输进项税额 = 票面金额 ÷（1 + 9%）× 9%

④取得注明旅客身份信息的公路、水路等其他客票的，按照下列公式计算进项税额。

公路、水路等其他旅客运输进项税额 = 票面金额 ÷（1 + 3%）× 3%

（7）自 2019 年 4 月 1 日至 2021 年 12 月 31 日，允许生产、生活性服务业纳税人按照当期可抵扣进项税额加计 10%。

增值税征收率（简易计税）的相关内容如下。

小规模纳税人简易计税适用增值税征收率；另一般纳税人发生财政部和国家税务总局规定的特定应税行为，可以选择适用简易计税方法计税，但一经选择，36 个月内不得变更，适用增值税征收率。

（1）增值税征收率为 3% 和 5%。

（2）适用征收率 5% 特殊情况。

主要有销售不动产，不动产租赁，转让土地使用权，提供劳务派遣服务、安全保护服务选择差额纳税的。

（3）两种特殊情况。

①个人出租住房，按照 5% 的征收率减按 1.5% 计算应纳税额。

②销售自己使用过的固定资产、旧货，按照 3% 征收率减按 2% 征收。

增值税税率如表 10 - 2 所示。

表 10 - 2　增值税税率

税目	2019 年 4 月 1 日前税率	2019 年 4 月 1 日后税率
陆路运输服务	10%	9%
水路运输服务	10%	9%
航空运输服务	10%	9%
管道运输服务	10%	9%
邮政普遍服务	10%	9%
邮政特殊服务	10%	9%
其他邮政服务	10%	9%
基础电信服务	10%	9%

续表

税目	2019 年 4 月 1 日前税率	2019 年 4 月 1 日后税率
增值电信服务	6%	6%
工程服务	10%	9%
安装服务	10%	9%
修缮服务	10%	9%
装饰服务	10%	9%
其他建筑服务	10%	9%
贷款服务	6%	6%
直接收费金融服务	6%	6%
保险服务	6%	6%
金融商品转让	6%	6%
研发和技术服务	6%	6%
信息技术服务	6%	6%
文化创意服务	6%	6%
物流辅助服务	6%	6%
有形动产租赁服务	16%	13%
不动产租赁服务	10%	9%
鉴证咨询服务	6%	6%
广播影视服务	6%	6%
商务辅助服务	6%	6%
其他现代服务	6%	6%
文化体育服务	6%	6%
教育医疗服务	6%	6%
旅游娱乐服务	6%	6%
餐饮住宿服务	6%	6%
居民日常服务	6%	6%
其他生活服务	6%	6%
销售无形资产	6%	6%
转让土地使用权	10%	9%
销售不动产	10%	9%
在境内载运旅客或者货物出境	0	0
在境外载运旅客或者货物入境	0	0

税目	2019 年 4 月 1 日前税率	2019 年 4 月 1 日后税率
在境外载运旅客或者货物	0	0
航天运输服务	0	0
销售或者进口货物	16%	13%
粮食、食用植物油	10%	9%
自来水、暖气、冷气、热水、煤气、石油液化气、天然气、沼气、居民用煤炭制品	10%	9%
图书、报纸、杂志	10%	9%
饲料、化肥、农药、农机、农膜	10%	9%
农产品	10%	9%
音像制品	10%	9%
电子出版物	10%	9%
二甲醚	10%	9%
国务院规定的其他货物	10%	9%
加工、修理修配劳务	16%	13%

10.1.8 房屋租赁的增值税计算

《纳税人提供不动产经营租赁服务增值税征收管理暂行办法》规定：其他个人出租不动产（不含住房），按照5%的征收率计算应纳税额，向不动产所在地主管税务机关申报纳税。其他个人出租住房，按照5%的征收率减按1.5%计算应纳税额，向不动产所在地主管税务机关申报纳税。

出租房屋需要缴纳增值税、流转税附加（包括城市维护建设税、教育费附加）、房产税等，其中增值税税率是5%，教育费附加征收率是3%，根据房产位置不同，城市维护建设税税率有差距。流转税附加是按照实际应缴纳的增值税为基数计算的。房产税按照租金收入的12%计算。

10.1.9 混合销售业务的计税

混合销售行为成立的行为标准有两点：一是其销售行为必须是一项；二是

该项行为必须既涉及服务又涉及货物。其中，"货物"是指增值税条例中规定的有形动产，包括电力、热力和气体；服务是指属于改征范围的交通运输服务、建筑服务、金融保险服务、邮政服务、电信服务、现代服务、生活服务等。

一项销售行为如果既涉及服务又涉及货物，则为混合销售。从事货物的生产、批发或者零售的单位和个体工商户的混合销售行为，按照销售货物缴纳增值税；其他单位和个体工商户的混合销售行为，按照销售服务缴纳增值税。

《国家税务总局关于明确中外合作办学等若干增值税征管问题的公告》（国家税务总局公告2018年第42号）规定以下内容。

机器设备的相关操作规定统一，不再区分电梯和非电梯。自2018年7月25日起（包括之前已经发生但尚未处理的业务），混合销售业务的增值税处理如下。

（1）一般纳税人销售自产机器设备的同时提供安装服务，应分别核算机器设备和安装服务的销售额，安装服务可以按照甲供工程选择适用简易计税方法计税，即不限于电梯。

（2）一般纳税人销售外购机器设备的同时提供安装服务，如果已经按照兼营的有关规定，分别核算机器设备和安装服务的销售额，安装服务可以按照甲供工程选择适用简易计税方法计税，即不限于电梯。

（3）纳税人对安装运行后的机器设备提供的维护保养服务，按照"其他现代服务"缴纳增值税。

10.1.10　无发票企业应承担的企业所得税计算

《国家税务总局关于进一步加强普通发票管理工作的通知》（国税发〔2008〕80号）规定，"纳税人使用不符合规定发票特别是没有填开付款方全称的发票，不得允许纳税人用于税前扣除、抵扣税款、出口退税和财务报销"。因此，无购进发票的货物，不得税前扣除购进货物的成本。

在计算缴纳企业所得税时，要将无发票货物成本全额调增应纳税所得额处理，按无发票购进金额的25%计算缴纳企业所得税。

10.1.11　无发票只有付款收据的税务

没有发票也可以入账，但是要在所得税后列支，也就是说要多交所缺发票总额25%的企业所得税。

进货没有增值税专用发票不能抵扣进项税额，销售不论是否开票均视同开票入账。

10.1.12　其他税务风险

其他税务风险如下。

（1）取得手续费收入，未计入收入总额。例如，代扣代缴个人所得税取得手续费收入，未计入收入总额。

（2）确实无法支付的款项，未计入收入总额。

（3）违约金收入未计入收入总额。例如，没收购货方预收款，未计入收入总额。

（4）取得补贴收入，不符合不征税收入条件的，长期挂往来款未计入收入总额。

（5）取得内部罚没款，长期挂往来款未计入收入总额。

（6）用于交际应酬的礼品赠送未按规定视同销售确认收入。

（7）外购水电气用于职工福利未按规定视同销售确认收入。

（8）集团公司收取的安全生产保证基金，扣除当年实际发生的损失赔付以及返回给下属企业金额等后，余额（含利息）未确认收益，未并入应纳税所得额计算纳税。

（9）租金收入未按收入与费用配比原则确认收入。

（10）政策性搬迁收入扣除固定资产重置、改良支出，技术改造支出和职工安置支出后的余额挂往来，未计入收入总额。

10.2　新企业会计准则和新税收法规下的会计核算

新企业会计准则是进行会计核算的依据，是确认计量的前提，是编写会计分录的准则。

新企业会计准则为编制财务报表提供了法律法规基础，它为企业相互交换会计信息提供了一个含义明晰、口径统一的标准。

10.2.1　权责发生制与收付实现制的差别

权责发生制与收付实现制的差别，包括：确认收入和费用的标准不同，对收入与费用的配比要求不同，会计期末处理方法不同，各会计期间计算的收益结果不同，核算过程中账户的设置不同，各自的优点、缺点及适用的范围不同，等等。

两者之间的联系在于二者均能正确计算和确定企业的收入、费用和损益。

权责发生制又称"应收应付制"。它是以本会计期间发生的费用和收入是否应计入本期损益为标准，处理有关经济业务的一种制度。凡在本期发生应从本期收入中获得补偿的费用，不论是否在本期已实际支付货币资金，均应作为本期的费用处理；凡在本期发生应归属于本期的收入，不论是否在本期已实际收到货币资金，均应作为本期的收入处理。

权责发生制有利于正确反映各期的费用水平和盈亏状况。

收付实现制亦称"收付实现基础"或"现收现付制"。在会计核算中，收付实现制是以款项是否已经收到或付出作为计算标准，来确定本期收益和费用的一种方法。凡在本期内实际收到或付出的款项，无论其发生时间早晚或是否应该由本期承担，均作为本期的收益和费用处理。

收付实现制的优点是期末无须对本期的收益和费用进行调整，核算手续比较简单；缺点是不能正确地反映各期的成本和盈亏情况。我国预算会计都采用收付实现制，因为它能真实地反映当年的预算收支实际执行结果，既能避免预算上的虚假平衡，又便于资金调度和统筹使用。

10.2.2 收据、普通发票与增值税专用发票的区别

收据、普通发票与增值税专用发票的区别如下。

第一，使用的对象不同。增值税专用发票只能由一般纳税人使用，小规模纳税人只能使用普通发票。

第二，税务处理不同。一般纳税人取得增值税专用发票，可抵扣进项税额，取得普通发票，不能抵扣进项税额。

一般纳税人不能给小规模纳税人开具增值税专用发票。一般纳税人计算机版普通发票和计算机版专用发票的税率是一样的。无论开出哪种发票，企业都缴纳相同的税额。至于开哪种发票，要看购货方是一般纳税人企业，还是小规模纳税人企业。收据只是证明收到对方的货款而开出的凭证，它不产生税费，只能作为往来账的凭证。

10.2.3 无发票只有付款收据的会计核算

第一，要判断收据能否入账，要看收据的种类及使用范围。

（1）收据可以分为内部收据和外部收据两种。外部收据分为税务部门监制收据、财政部门监制收据、部队收据三种，这三种专用收据属于正式发票，可以入账。

内部收据是单位内部的自制凭据，也就是自制的原始凭证，用于单位内部发生的业务，如材料内部调拨、收取员工押金、退还多余出差借款等。这样的内部自制收据是合法的凭据，也可以入账。

（2）单位之间发生业务往来，收款方在收款以后不需要纳税的，收款方就可以开具税务部门监制的收据。

行政事业单位发生的行政事业性收费，可以使用财政部门监制的收据；单位与部队之间发生业务往来，按照规定不需要纳税的，可以使用部队监制的收

据，这种收据也可以入账。

第二，经单位领导签字的"非正式发票"，如果属于上面所说的专用收据，可以计入成本，如果不符合正式发票的标准，也可以计入成本，但是，不能税前扣除，年终要进行纳税调整。

10.2.4　其他会计核算违规风险

其他会计核算违规风险，包括以下几点。

风险一：视同销售行为，未按规定确认收入申报纳税。

风险二：销售开票，未将价款和折扣额分别注明，销售额扣减了折扣额。

风险三：专用发票开具不符合要求。

风险四：属于下列情形之一者，但开具了增值税专用发票。

①一般纳税人会计核算不健全，或者不能够提供准确的税务资料。

②应当办理一般纳税人资格登记而未办理。

③向消费者个人销售服务、无形资产或者不动产。

④适用免征增值税规定的应税行为。

⑤不征收增值税项目。

⑥金融商品转让。

⑦提供经纪代理服务向委托方收取的政府性基金或者行政事业性收费。

⑧提供有形动产融资性售后回租服务收取的有形动产价款本金。

⑨向旅游服务购买方收取并支付的费用。

⑩销售使用过的固定资产适用按简易办法征收增值税。

⑪小规模纳税人销售自己使用过的固定资产。

⑫纳税人销售旧货。

⑬单采血浆站销售非临床用人体血液按照简易办法计算应纳税额。

风险五：取得的增值税扣税凭证不符合规定，但抵扣了进项税额。

风险六：未按规定开具红字专用发票，但扣减了销项税额或者销售额。

第 11 章
大数据时代，非财务经理财务分析新思路与重点

当今时代是一个信息化时代，云平台的发展如火如荼，大数据概念横空出世。

大数据就是在海量结构化的、非结构化的、几乎可以连续再生的、使传统数据处理系统难以处理的数据集合。大数据时代，非财务经理不仅要关注实际数据量，还要关注处理方法，让数据产生巨大的创新价值。

在"互联网＋"的背景下，非财务经理要关注在大数据时代，如何通过云计算，对财务数据进行分析和计算，以发现和创造更多数据价值。

11.1　大数据时代财务分析与财务价值

当今，数据的种类很多，如人与人交易和沟通产生的数据，社交网络产生的数据，传统的商业领域和金融交易的商业数据。

数据有大数据与小数据的区别。

小数据是结构化数据，大部分是文字记录。大数据是非结构化的数据，来自服务器、日志、网站、文件流等。

例如，有的人去医院看病，医疗数据就是提炼过的关系型数据。测心率的时候可能有一个24小时心脏仪器测试出来的数据，如果把24小时心脏脉搏数据缓存下来，这就是简单的大数据。

（1）大数据的特性之一是数据的完整性和综合性。现有网络服务都是简化、扭曲、片面地对现实世界的浓缩和裁剪，由此产生的数据是凌乱的、破碎的、局部的，其中的含金量是极其有限的。

（2）大数据的特性之二是数据的开放性和公共性。正是因为完整的、综合的大数据难以由一家公司、机构或政府部门获得，所以大数据必然产生于一个开放的、公共的网络环境之中。

（3）大数据的特性之三是数据的动态性和及时性。大数据是基于互联网的及时动态数据，不是历史的或严格控制环境下产生的东西。

"低成本、高效率"运营机制是企业长期的竞争力。大数据要求有流线型的商业过程，各个环节之间必须无缝隙、无摩擦地衔接，并保证每一个商业决策明智、正确，在竞争的过程中不犯错误。

11.1.1　财务分析与财务价值管理面临的挑战

传统事务性财务分析与财务价值管理已无法满足现代企业管理的需要。仅仅做好账务核算，仅仅对月度或年度的财务报表进行分析，已无法给企业管理层做出及时、准确的决策带来帮助。在大数据时代，面对大量的数据信息以及各种各样新技术、新业务模式的冲击，开展财务分析和财务价值管理时，如果仅仅是"摆数据"，对企业发展和变革是起不到支持作用的。

因此，开展财务分析与财务价值管理时，应该以更积极、更主动的方式来为企业服务，要实现从"事务型"向"经营管控型"的转变。在"摆数据"的同时，要更加注重数据的及时性，以及财务数据与业务数据的融合。

传统 ERP 数据管理的手段已经过时，由于数据时效性十分重要，企业管理层希望得到更富有洞察力、前瞻性的数据和分析。这也将对传统的财务分析模式带来冲击。财务人员对大数据的整合和分析能力将得到更多的关注和提升。要求财务人员能在繁杂的数据中，去粗取精，化繁为简；能灵活根据管理需求对财务数据进行多维度分析；能运用大数据准确地预测未来的趋势和变化。这些都将给企业经营带来极大的价值。

为适应新技术带来的业务模式变化，企业的发展会在纵向和横向两个维度展开，将会展开一系列的重组、兼并。如果这时财务管理依然停留在传统"事务型"的状态，不仅无法给企业实施有效兼并带来价值评估，以及为重组的融资等带来帮助；而且，在兼并后，由于企业间的业态差异、管理水平差异等造成整体管理难度加大，整体管理水平难以提升。因此，如何实现业务和财务数据的协同、下属企业管理水平的统一，以达到集团企业整体管理水平的提升，这也是在大数据时代迫切需要解决的问题。

11.1.2　提升财务分析与财务价值管理的重要性

大数据时代，企业关注的重点将不再是标准化、规模化的生产和制造，"规模效应"将会在互联网中体现，如维基百科。因此，优秀的企业将专注于产品的设计和品牌的建设，而一些标准化、重复化的制造工艺将更多地由低成本、专业的企业承担。

大数据将会改变企业的经营模式。传统的企业主要关注产品的生产和销售，企业经营收入的实现是通过产品的出售而实现的；而在大数据时代下，优秀的企业通过数据分析和应用，更专注于客户的精准定位及产品和服务的紧密联系，从"一次销售、一次收入"转为"一次销售、多次收入"的经营模式。

未来企业的成本结构中，"料工费"的占比将逐步降低，而面向客户、面向市场的费用占比将会越来越大。因此，企业产品竞争力的提高，不再将是一味扩大生产规模，而是通过整合企业业务和财务等数据，以准确的决策和企业资源的有效配置来实现企业价值的增长。

信息化水平的提升可以大幅减少传统会计核算的工作量，使财务人员可以投入更多的时间和精力在高价值量的财务分析上。

借助大数据技术，财务价值管理和财务分析的水平可以得到大幅提升，从而为管理层做出准确的决策给予支撑。

非财务经理可通过对企业各业务数据的整合，将财务数据和业务数据有效融合，推动财务管理的转型和升级。因此，如何适应大数据带来的变化，如何让财务管理实现从"事实说明"到"价值创造"的转变，这些都将是未来一段时间内企业必须面对和解决的问题。

📀 案例 汽车制造企业如何控制成本

以汽车行业为例，为应对激烈的竞争，各家整车制造企业都在大规模扩张，希望通过提高产能来降低单车固定制造成本，从而提高企业和产品的盈利能力和竞争能力。投资力度的加大，一方面使企业的经营规模增长，另一方面使企业生产的车型种类日益丰富。与以往相比，财务价值管理所需处理的数据量大幅增加；而且随着管理需求的增加，财务分析的复杂程度也不断提高。

例如，管控的业务涵盖远期项目、工程开发、商务、采购、生产、管理等全链条，管控的载体包括分产品的利润表、资产负债表、现金流量表、结构成本、转移定价以及贯穿其中的物料成本预测和税收预测等。而且管理层会越来越多地要求进行多维度、全方位的比较和分析。

某公司实施BFS系统（德国西门子公司的一套成熟、稳定的信息管理系统）后，财务分析水平与财务价值管理水平得到了提升。

首先，形成整合的数据平台，BFS系统可以整合公司业务流程与方法，实现业务、流程、数据的高度协同。

其次，将科目结构和成本中心结构都系统化，通过自动的聚合和定制的业务规则，确保数据准确、结构稳定、关系可靠。

再次，运用统一的产品名称和科目定义，以便于对标、沟通与管理。

最后，SAP数据接口自动匹配取数，多维数据库可以灵活生成报告，大大提高工作效率。

该公司为了更好地对车型成本进行控制，一方面将对材料成本的控制方法从原有的按产品线控制转化为专业组控制。而专业组纵向按照产品线进行分类，横向按照零部件类型（包括动力总成、车身、装备、底盘、电器等）进行分类。这样做既能按车型进行成本分析和控制，又能将主要零部件进行分类，可以更好地做好对主要零部件在不同车型中的控制。

另一方面，由于成本控制前置，财务价值管理不仅要做到分析财务数据，还需要对研发、采购的数据进行了解和分析。因此，为增强成本分析力量，财务部门招聘了大量有研发和采购背景的财务人员，同时让他们参与车型研发的整个过程，与研发人员、采购人员共同参与零部件成本的测算，从而有效达到降低产品材料成本的目的。

在大数据时代下，财务分析与财务价值管理不能局限在财务部门内部，不能仅针对财务数据进行分析；而是需要"走出去"，与企业的其他业务部门更好地融合；要打破"数据孤岛"，将业务数据和财务数据有效地融合。

企业可以通过"财务跨界"来实现。前面所述的材料成本控制就是"财务跨界"。

财务价值管理需要拓展思维，有所创新。不仅要说清楚过去，而且要在数据分析的基础上说明白未来，通过财务分析，对未来的经营有一个更为准确的预测，将"事后分析"转为"事先引导"。分析要更富有洞察力，以支持管理层做出准确的决策。

11.2 大数据时代财务分析有哪些新思路

随着经济发展和互联业务的不断拓展，数据分析已成为财务分析的重要组成部分。如何适应企业管理、如何在大数据时代下对企业财务数据做出可靠、有效的分析成了关注的焦点。

11.2.1 寻找财务业绩背后的业务动因

寻找财务业绩背后的业务动因，其包括：由于固定资产配置过多而造成固定成本占比过大；由于人员结构造成的固定成本影响了利润率的恢复；短期内需要控制成本来抵销人工成本的压力，以维持利润率；优化成本结构，从而在宏观经济恢复的过程中更好地立足；销售人员的结构调整，以便更好地适应市场；企业主营业务特点；企业经营策略；市场策略；内部组织结构；宏观经济格局的影响（货币政策、财政政策）。

11.2.2 从业务层获取业务信息

从业务层获取业务信息要做到以下几点。具体如图 11-1 所示。

图 11-1 如何获取业务信息

（1）单向沟通是不可能持久的，要做到双向沟通。

（2）让业务人员认识到你的重要性，如财务预警和咨询。

（3）多了解业务，用业务语言而非会计语言说话。

11.2.3　为业务部门量身定做表单

慎用计算过于复杂和专业的财务指标，需要业务部门做什么，做了能有怎样的结果。指标要和流程相结合，为业务部门量身定做表单。

由于公司管理者和一线业务经理往往不是财务专业人员，使用专业的财务指标虽好，但如果他们看不懂，那么也没有意义。

11.2.4　向高层汇报解读预算执行情况

将提示风险和机会放在第一位，语言和文字要简洁明了，不要纠缠于细节。对于关键指标要做同行业对比，不同历史时期的对比，从企业、行业、市场的角度，做横向和纵向的比较，以及在不同假设条件下进行预演。

11.2.5　对相关部门、单位沟通成本费用的控制

对相关部门、单位沟通成本费用的控制，可以通过以下几点展开。

（1）说明立场：核算是帮助其完成目标工作的一种手段。

（2）气氛基调：不要对立，帮其节省费用，而不是减少预算。

（3）业务知识：对费用支出的业务背景要事先有了解。

（4）入手点：该业务是否必要？如果必要，该费用标准和数量是否合理？

场景模拟：和部门经理谈部门费用预算。

错误的谈话方式：

今年差旅费过高了，你部门需要降10%……

其他部门只占制造费用的5%，你部门占了8%，太高了，得降降……

正确的谈话方式：

去年引进A型机的生产线花了50万元的差旅费，为什么今年引进基本同型号的生产线需要花100万元呢？

是汇率变动，还是专家技术服务费、原材料涨价？

钻头的消耗在制造费用中占比最大，它的单台产品消耗标准是多少？与往年相比，为什么会增加？

聘请第三方专家是合理的吗？

工作日程能不能更紧凑点，以减少酒店费用和人工费用？

11.3　大数据时代财务分析重点

传统财务分析是对数据的精确分析，这种数据分析方式相对来说更适合数据量较小的分析。该数据分析方式和大数据相比，数据的完整性和时效性不强，无法帮助财务报表使用者全面地了解财务状况的全貌。

在大数据时代，精确将不仅仅是财务工作的全部，全面、系统的分析将在未来的财务分析工作中处于越来越重要的地位。企业应借助大数据时代的优势，充分利用大数据，全面整体地分析财务数据，帮助企业预测和防范经营过程中可能遇到的风险。

11.3.1　利润、现金、价值、风险、成长分析

首先，我们来看在大数据时代，如何进行利润分析。

（1）利润分析。

盈利能力是指企业获取利润的能力。利润是企业内外有关各方都关心的中心问题，利润是投资者取得投资收益、债权人收取本息的资金来源，是经营者经营业绩和管理效能的集中表现，也是职工集体福利设施不断完善的重要保障。因此，对企业进行利润分析十分重要。

作为非财务经理，如何进行利润分析？某公司的利润分析表如表 11 – 1 所示。

表 11-1　利润分析表　　　　　　　金额单位：元

项目	2019 年	2020 年	增减额	增减率（%）	2019 年结构（%）	2020 年结构（%）
一、营业收入	2 550	3 800	1 250	49.02	100	100
减：营业成本	1 600	2 600	1 000	62.50	62.75	68.42
税金及附加	12	18	6	50.00	0.47	0.47
销售费用	5	10	5	100.00	0.20	0.26
管理费用	450	525	75	16.67	17.65	13.83
财务费用	30.50	60	29.50	96.72	1.20	1.58
资产减值损失	2	3	1	50.00	0.08	0.08
加：投资收益	0	0.50	0.50			
二、营业利润	450.50	584.50	134	29.74	17.67	15.38
加：营业外收入	0	0.30	0.30	0		
减：营业外支出	2	2.30	0.30	15.00	0.08	0.01
三、利润总额	448.50	582.50	134.00	29.88	17.59	15.33

分析：2019 年毛利为 950（2 550 - 1 600）万元、毛利率为 37.25%（950 ÷ 2 550 × 100%）。

2020 年毛利为 1 200（3 800 - 2 600）万元、毛利率为 31.58%（1 200 ÷ 3 800 × 100%）

虽然该公司 2020 年管理费用占营业收入的比率低于上年，但由于毛利率低于上年，所以利润率 15.33% 低于上年的 17.59%。

（2）现金分析。

现金流量表的内部结构反映企业经营活动、投资活动、筹资活动三者对现金净流量的贡献情况。在这一分析过程中，要结合企业所处的经营周期确定分析的重点，如图 11-2 所示。

第一，处于开发期的企业，经营活动现金流量可能为负，应重点分析企业的筹资活动，分析其资本金是否到位、流动性如何、企业是否过度负债、有无继续筹措足够经营资金的可能，同时判断其投资活动是否适合经营需要，有无出现资金挪用或费用化现象。应通过现金流量预测分析，将还款期限定于经营活动可产生净流入的时期。

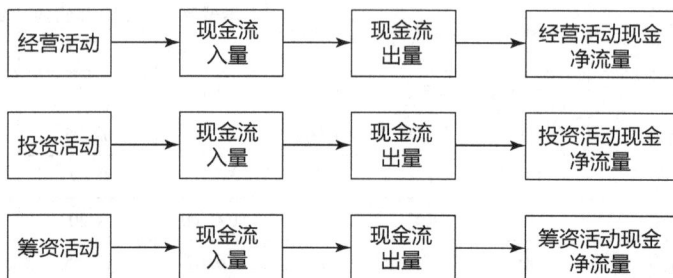

图 11-2 现金分析的重点

第二，处于增长期的企业，经营活动现金流量为正，要重点分析其经营活动现金流入、流出结构，分析其货款回笼速度、赊销是否得当。要了解成本、费用控制情况，预测企业发展空间，分析企业是否充分利用应付款项，同时要关注这一阶段企业有无由于过分扩张导致债务增加的情况。

第三，处于成熟期的企业，投资活动和筹资活动趋于正常化或适当萎缩，要重点分析其经营活动现金流入是否有保障，现金收入与销售收入增长速度是否匹配，同时关注企业是否过分支付股利，有无资金外流情况，现金流入是否主要依赖投资收益或不明确的营业外收入。

第四，处于衰退期的企业，经营活动现金流量开始萎缩，要重点分析其投资活动在收回投资过程中是否获利，有无冒险性的扩张活动，同时要分析企业是否及时缩减负债，减少利息负担。这一阶段的企业的贷款期限不应超过其现金流量，出现赤字。

（3）价值分析。

价值分析的内部包括以下方面。

把整个价值链分解为与战略相关的作业、成本、收入和资产，并把它们分配到"有价值的作业"中。

确定引起价值变动的各项作业，并根据这些作业，分析形成作业成本及其差异的原因。

分析整个价值链中各节点企业之间的关系，确定核心企业与顾客和供应商之间作业的相关性。

利用分析结果，重新组合或改进价值链，以更好地控制成本费用，使价值链中各节点企业在激烈的市场竞争中获得优势。

（4）风险分析。

风险分析包括：经营活动现金流风险与应对；投资活动现金流风险与应对；筹资活动现金流风险与应对。

也就是说，非财务经理在进行风险分析的时候，重点关注的财务报表是现金流量表。这是为什么呢？

资产负债表显示的是企业目前可用的资产，利润表展示的则是一段时间内企业利用资源带来回报的能力和效率，也就是企业的盈利能力。而现金流量表体现和是企业财力，其主要目是提供企业一段时间内现金收入和支付的相关信息，记录现金的流入和流出，最终反映到资产负债表的现金余额上。

（5）成长分析。

成长分析关注的指标，如图11-3所示。

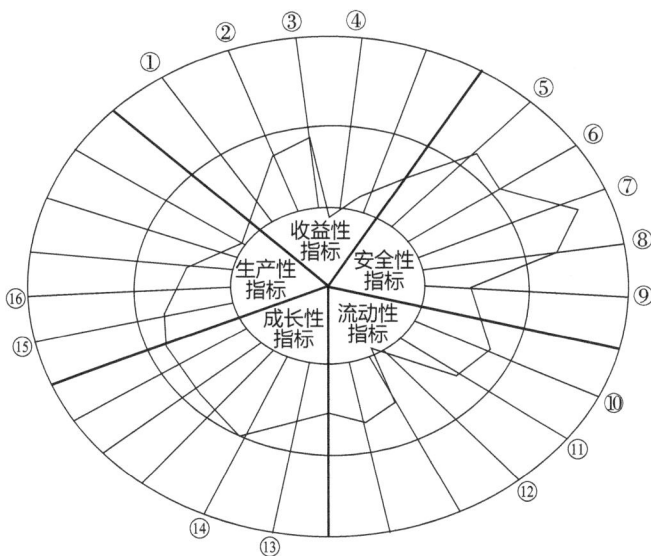

图11-3　成长分析的重点

图11-3中序号所示指标如下所示。

收益性指标：①资产报酬率，②所有者权益报酬率，③销售利润率，④成本费用率。

安全性指标：⑤流动比率，⑥速动比率，⑦资产负债率，⑧所有者权益比率，⑨利息保障倍数。

流动性指标：⑩总资产周转率，⑪应收账款周转率，⑫存货周转率。

成长性指标：⑬销售收入增长率，⑭产值增长率。

生产性指标：⑮人均工资，⑯人均销售收入。

从图11-3中可以看出，当指标值处于标准线（线段围成的不规则闭合曲线）以内时，说明该指标低于同行业水平，需要加以改进；若接近标准线或处于其内，说明该指标处于极差状态，是企业经营的危险标志；若处于标准线外侧，说明该指标处于较理想状态，是企业的优势所在。

当然，并不是所有指标都处于标准线外侧就是好的，应根据具体指标具体分析。

①综合分析和评价企业经营状况。

②寻找企业的优势和弱势。

③非财务经理在日常管理中，可以用这张图来分析部门的工作业绩处于什么水平。

11.3.2　盈亏平衡点

盈亏平衡点告诉我们企业的及格线，但是企业辛苦经营不是为了及格、保本，而是为了赚更多的钱。如何实现赚更多钱的目标呢？从利润表可知，收入－成本－费用＝利润。显然，企业要赚更多钱，就要提高收入或者降低成本、费用。

11.3.3　资本结构优化

当企业发展到一定的规模，对各种融资手段都能运用时，非财务经理就需要考虑资本成本及资本结构了。不同类型的融资方式，其资本成本是不一样的，同时也导致了企业的资本结构发生变化。

资本结构是指企业资本总额中各种资本的构成及其比例关系。筹资决策就是确定各种资金来源在总资金中的比重，即确定最佳资本结构，以使筹资风险和筹资成本相匹配。资本结构主要是指权益资金与借入资金的比例关系。

一般来说，完全通过权益资金筹资是不明智的，因为不能得到负债经营的好处，但负债的比例大，则风险也大，企业随时可能陷入财务危机。因此，必须进行投资组合，以确定最佳资本结构。当企业价值最大、加权平均资本成本最低时，所处的资本结构就是最佳资本结构。

不同的资本结构会给企业带来不同的结果。企业利用债务资本进行举债经营具有双重影响，既可以发挥财务杠杆效应，也可能带来财务风险。因此，企业必须权衡财务风险和资本成本的关系，确定最佳的资本结构。

（1）负债的财务杠杆效应

比如，某公司打算融资5 000万元以备企业扩张需要。公司有两种方案：第一，以公司现有资产做抵押向银行贷款，年利率为6%；第二，向职工及联营各方定向发行股票。为鼓励大家积极购买股份，公司承诺年分红比例不低于7%。经准确测算，公司扩张后第二年的息税前利润能达到2 000万元。公司所得税税率为25%。哪种方案对公司更有利呢？

通常情况下，由于股权投资承担的风险更高，因此股东会要求比债权人更高的投资回报，正所谓风险与报酬成正比。因此，该公司制定的7%的分红比例是合理的。那么融资方案会对公司的留存收益会产生怎样的影响呢？两种融资方案的比较如表11-2所示。

表11-2　两种融资方案的比较　　　　　　　单位：万元

	债权融资方案	股权融资方案
息税前利润	2 000	2 000
减：财务费用	300	0
税前利润（利润总额）	1 700	2 000

	债权融资方案	股权融资方案
减：所得税（25%）	425	500
净利润	1 275	1 500
减：股利分配	0	350
未分配利润	1 275	1 150

在债权融资模式下，财务费用 300 万元在税前扣除，导致企业利润总额减少 300 万元，这项费用进一步使企业的所得税减少 75 万元，即通常所说的"税收挡板"作用。支付利息后，企业的净利润可全部留存在企业内部。

在股权融资模式下，企业的红利支出不是费用，不能在税前扣除，息税前利润即企业利润总额，需要全额缴纳所得税。股利分配只能用缴纳所得税后的净利润进行分配，由于股权融资支付的成本较高，导致留存在企业的未分配利润为 1 150 万元。

显然，负债经营具有财务杠杆的作用，利用负债可以帮助企业节税，扩大留存在企业内部的利润。当然，如果企业不能到期偿还债务，企业的财务风险就增大了。因此，财务杠杆是一把双刃剑，它能给企业增加利益，也能增加企业的财务风险。

（2）资本结构优化。

资本结构优化，就是要求企业权衡负债的低资本成本和高财务风险的关系，确定合理的资本结构。资本结构优化的目标，是降低平均资本成本率或提高普通股每股收益。

评价企业资本结构最佳状态的标准，应该是能够提高股权收益或降低资本成本，最终达到提升企业价值的目的。通常用每股收益的变化来判断资本结构是否合理，即能够提高普通股每股收益的资本结构，就是合理的资本结构。

在资本结构管理中，利用债务资本的目的之一，就在于债务资本具有财务杠杆效应。每股收益的计算公式如下。

每股收益 = 净利润 ÷ 普通股股数

某公司目前资本结构为：总资本 1 000 万元，其中债务资本为 400 万元（年利息40万元），普通股资本为600万元（600万股，面值为1元，市价为5元）。公司由于有一个较好的新投资项目，需要追加融资300万元，有两种融资方案。

甲方案：向银行取得长期借款300万元，年利率为16%。

乙方案：增发普通股100万股，每股发行价为3元。

根据财务人员测算，追加融资后销售额可达到1 200万元，变动成本率为60%，固定成本为200万元，所得税税率为20%，不考虑融资费用因素。

表11-3所示为两种融资方案的比较分析。

表11-3　两种融资方案的比较分析　　　　　　　　单位：万元

	甲方案（总股本600万股）	乙方案（总股本700万股）
销售收入	1 200	1 200
减：固定成本	200	200
减：变动成本	720（1 200×60%）	720（1 200×60%）
息税前利润	280	280
减：财务费用	88（40+300×16%）	40
税前利润（利润总额）	192	240
减：所得税（20%）	38.4	48
净利润	153.6	192
每股收益	0.256	0.274

结合表11-3，从分析可知，采用乙方案的每股收益更高，且通过财务股权融资，公司的财务风险更小。与前例相比，本案例因采用溢价增资扩股，股本增加的比例小于资产增加的比例。如果该公司按面值每股1元共发行300万股，乙方案的每股收益又是多少？

如果按面值发行300万股，每股收益降为0.213（192÷900）元，远远低于甲方案。这时则应当采用甲方案。

当然，有时候企业还可以结合几种融资方式，以达到降低企业财务风险、优化企业资本结构、提高股东报酬率的目的。因此，对于企业管理者而言，必须了解各种融资方式的利弊及其资本成本。只有知道资本成本，才能做出正确的决策和判断。

11.3.4　现金流

现金流，就是企业现金的流入与流出。企业收到了钱，叫作现金的流入；企业向别人付了钱，叫作现金的流出。对企业来说，现金就是血液，是企业正常运转的基础。一旦现金流出现了问题，企业的根基就会被晃动。

要知道，企业的日常经营活动开始于现金，终止于现金。现金以及从现金到存货、应收账款，然后回到现金的转换过程，是企业生存与发展的"血脉"。

可以说，企业现金流转得顺畅与否，直接关系着企业的生存与发展。"血脉"的任何一个环节不畅或阻滞，都会给企业带来严重的后果——轻则让企业正常的生产经营活动陷入困境，重则引发企业的财务危机，最终直接威胁到企业的生存。

（1）树立"现金为王"的理念。

无论是对实力雄厚的大集团还是对刚创业起步的小公司而言，现金的重要性都是一样的。小公司现金流转不畅，会引发生存危机。大集团现金流转不畅，也会陷入经营困境。而且，如果应对策略不得当，即便是资产雄厚的大集团，同样会引发生存危机。

特别是中小企业，为防范融资风险，必须树立"现金为王"的理念。因为现金流入的"管道"只有现金性收入、现金性融资等几种方式，但现金流出的方式较多。

既然现金流入和现金流出的渠道在数量上不平衡，那么如何调节这种失衡并尽可能维持其平衡，也就成了企业资金管理的难点。

（2）建立现金流预警体系。

从逻辑上讲，预警体系包括明确警义、寻找警源、分析警兆、预报警度四个方面。在现金流风险预警中，警兆是主要衡量指标。企业现金流预警体系包括预警指标、制度、流程、组织机构、职能部门、岗位、应对机制等。

预警指标主要有以下几个。

①资产质量指标。其计算公式如下。

$$现金比率 = 现金及现金等价物 \div 流动资产$$

$$经营现金流动资产比率 = 经营现金净流量 \div 流动资产$$

②现金流量结构的指标。

一是现金流入结构指标，二是现金流出结构指标，三是流入流出结构指标。

③偿债能力指标。其计算公式如下。

$$经营现金到期债务比率 = 经营现金净流量 \div 本期到期债务$$

$$经营现金流动负债比率 = 经营现金净流量 \div 流动负债$$

$$现金债务总额比率 = 现金及现金等价物净增加额 \div 负债总额$$

④利润质量指标。其计算公式如下。

$$主营业务现金比率 = 经营现金净流量 \div 主营业务收入$$

$$经营现金营业利润比率 = 经营现金净流量 \div 营业利润$$

⑤经营现金流量成长性指标。其计算公式如下。

$$经营现金流量成长比率 = 本期经营活动产生的现金净流量 \div$$
$$基期经营活动产生的现金净流量$$

（3）引入现金流系统管理技术。

现金流就是企业的血液，现金流管理出现问题，会导致企业处于困境。很多企业只关心利润表上的数字，却很少讨论现金周转的问题。这就像开车时，只盯着仪表板上的时速表，却没注意油箱的油。

在市场经济条件下，对企业来说最重要的是有效管理现金。企业通过分析现金的流动性来管理现金，维持企业经营。现金流管理包括三部分：库存、应收款、应付款。特别是对付款与回款的有效管理，是企业飞速发展的有效保障。

要真正管理好现金，就必须在关注影响现金流的因素的基础上，从组织、战略和经营等层面建立现金流管理的全面控制体系，引入现金流管理技术。

从宏观层面来看，健全现金流管理的组织体系，制定现金流管理的指标评价体系。健全组织机构、明确相应的职责、规定相应的权力，是有效推行现金流管理措施的重要保证。

从经营层面来看，必须设定经营目标，建立完善的现金流预算管理制度，优化现金流的管理流程，抓住影响现金流的关键要素，建立符合企业特点的现金流风险分析和预警系统，并要掌握企业现金流危机管理的方法。

（4）保持适当的自有资金水平。

现金流尤其重要，特别是对于创业公司而言，其通常没有多少启动资金，盈利前景不明确，如果把未来想得过于乐观，不重视现金流，就很可能失败。许多中小公司倒闭的直接原因就是现金流断裂。为了规范企业现金流管理，必须保证自有现金维持在正常水平上。

要想避免资金链断裂的危险，企业就要加强现金流管理，制定相应的应对措施。对企业管理者来说，应该做的是如何最大限度地减少宏观经济风险带来的损失，如何有效地利用现有的资本来渡过潜在的危机。

现金流管理的第一原则是不要对未来太乐观。当企业管理者对未来太乐观的时候，企业就可能会制定激进的财务预算，或者将投资以及扩张规模放在了首要位置而忽视了对利润质量的管理。许多企业之所以在营运现金流出现负值的时候仍不断追加投资，就是因为乐观的心态。

经营企业不能存有侥幸心理。因此，客观地进行环境影响因素分析和企业战略分析，确保现金流向与环境变化相协调，重新制定稳健的财务预算，是应对危机的首要任务。

对于那些已经陷入现金危机的企业来说，有效的方法就是通过裁员、减薪、关闭生产线或卖掉价值贡献率不高的项目，尽早将现金从日常的营运中解放出来。

对大企业来说，通过合理"瘦身"可以快速缓解现金紧张的状况，但中小企业业务通常比较单一，向银行贷款的难度较大，它们又该采取哪些措施呢？

有效的措施是现款现货，尽量不以赊销的方式出货。尤其是订单式生产，一定要要求对方付较高比例的定金。如果订单很大但预付的定金很少，那就要谨慎考虑要不要接这样的订单。

总之，在经济不景气的时候，中小企业所追求的不应该是规模，也不应该是利润，而应是现金流。

（5）把握企业资金的调度。

企业内部资金调度是企业资金管理制度中涉及企业内部财务管理权力和责任的内容。企业可通过良好的内部控制，确保企业资金在调度过程中的安全，预防被盗窃、诈骗和挪用。

资金是企业重要的资产，内部资金调度需要具备资金调度条件，只有具有相应资金调度权的责任人才可以行使资金调度权，否则，就构成越权。

企业财务部门一旦发现不具备资金调度权力的指令，执行者有权提出复议，以保证内部资金调度的安全。

例如，企业委托外商进口成套机器设备，按合同规定，只有该设备经过国家有关部门的质量检验，并提供质量检验报告之后，企业总经理才能向财务经理发出资金调度的指令。如果企业总经理在没有得到国家商检部门提供的报告之前，就擅自发出资金汇出的指令，财务经理有权拒绝并提出复议。在这里，相关合同的条款就是资金调度的条件。

内部资金调度的权限是指企业资金调度的决策权的授权和监督权的分离授权。上面例子里，总经理是指示资金调度者，财务经理一方面是资金调度的执行者，另一方面也是监督者。

如果总经理决策有误，不仅需要总经理承担责任，财务经理也需要承担监督失职的责任。由此可见，在企业内部资金调度方面，实行决策权和监督权的分离极为重要。

11.3.5　资本成本

非财务经理需关注财务分析的重点内容，还包括资本成本。

资本成本是指企业取得和使用资本时所付出的代价。取得资本所付出的代价，主要指发行债券、股票的费用，向非银行金融机构借款的手续费用等；使用资本所付出的代价，主要指股利、利息等。

资本成本的作用包括：资本成本是企业筹资决策的重要依据，资本成本是评价和选择投资项目的重要标准，资本成本是衡量企业资金效益的临界基准。

11.3.6 经济增加值

经济增加值（Economic Value Added，EVA），是指从税后净营业利润中扣除包括股权和债务的全部投入资本成本后的所得。其核心是资本投入是有成本的，企业的盈利只有高于其资本成本（包括股权成本和债务成本）时才会为股东创造价值。

企业每年创造的经济增加值等于税后净营业利润与全部资本成本之间的差额。其中资本成本包括债务资本的成本，也包括股本资本的成本。

从算术角度来看，EVA 等于税后净营业利润减去债务成本和股本成本。EVA 是对真正"经济"利润的评价，或者说，是表示净营业利润与投资者用同样资本投资其他风险相近的有价证券的最低回报相比，超出或低于后者的量值。

EVA 是一种评价企业经营者有效使用资本和为股东创造价值的能力，体现企业最终经营目标的经营业绩考核工具。

甲股份有限公司 2020 年度财务数据调整后的经济增加值的计算过程如表 11-4 所示。

表 11-4　甲股份有限公司 2020 年度财务数据调整后的经济增加值的计算过程

单位：亿元

项目	行次	数值
会计调整后的税后净利润	1	1.2
利息净支出	2	1.5
调整后的税后净营业利润	3 = 1 + 2	2.7
调整后的投入资本平均数	4	42
投入资本收益率	5 = 3 ÷ 4	6.43%
综合资本成本率	6	8%
资本成本	7 = 4 × 6	3.36
资本效率	8 = 5 - 6	- 1.57%
经济增加值	9 = 8 × 4	- 0.66

甲公司 2020 年度经济增加值之所以为负值，是因为投入资本收益率低于综合资本成本率。

经济增加值的计算公式如下。

$$经济增加值 = 税后净营业利润 - 成本 = 税后净营业利润 -$$
$$调整后资本 \times 平均资本成本率$$

$$税后净营业利润 = 净利润 + (利息支出 + 研究开发费用调整项 - 非经常性$$
$$收益调整项 \times 50\%) \times (1 - 25\%)$$
$$= (利润总额 + 利息支出 + 研究开发费用调整项 -$$
$$非经常性收益调整项 \times 50\%) \times (1 - 25\%)$$

$$调整后资本 = 所有者权益 + 平均负债合计 - 平均无息流动负债 - 平均在建$$
$$工程平均资本成本率$$
$$= 负债比重 \times 负债的税后成本率 + 权益比重 \times 权益资本成本率$$

（1）利息支出是指企业财务报表中"财务费用"项下的"利息支出"。付息债务的利息支出应计入资本成本，所以计算税后净营业利润时应加回。

（2）研究开发费用调整项是指企业财务报表中"管理费用"项下的"研究与开发费用"和当期确认无形资产的研究开发支出。对于为获取国家战略资源而投入勘探费用较多的企业，可以将其成本费用情况表中的"勘探费用"视同研究开发费用调整项按照一定比例（原则上不超过50%）予以加回。

（3）非经常性收益调整项包括以下内容。

变卖主业优质资产收益：减持具有实质控制权的所属上市公司股权取得的收益；企业集团转让所属主业范围内且资产、收入或者利润占集团总体10%以上的非上市公司资产取得的收益。

主业优质资产以外的非流动资产转让收益：企业集团转让股权收益、转让资产收益。

其他非经常性收益：与主业发展无关的资产置换收益、与经常活动无关的补贴收入。

（4）无息流动负债是指企业财务报表中"应付票据""应付账款""预收款

项""应交税费""应付利息""其他应付款""其他流动负债"。

（5）在建工程是指企业财务报表中的符合主业规定的"在建工程"。在建工程是企业对未来持续经营的投入，并不能在当期为企业创造实际经营利润。若将其包括在资本总额中，可能导致当期经济增加值降低，从而影响管理层对未来业务长期投入的积极性。鉴于此，应将在建工程从资产总额中予以扣除。

比如，保险公司通过收集数据，得到车主的驾车习惯、驾车时间和路段、停车的车库环境等数据，进而降低驾车风险低的车主的保险费用，提高风险高的车主的保险费用，这样便从一定程度上增加了保险公司的收益，保证了保险公司的利益。